KB013328

살아서 천국 극락 낙원에 가는 방법

일러두기

- 이 책은 1판 1쇄본 <이 세상이 천국 극락 낙원이 되는 방법>의 제목이 변경된 것으로, 내용과 구성은 1판 1쇄본과 동일합니다.

- 이 책은 우 명 선생의 글과 강의 내용, 해외 강연 중 사람들에게 받은 질문에 대한 답변을 수록한 것입니다.

- 각 장마다 사람들이 마음을 비우고 인간 완성을 이루기를 바라는 저자의 철학을 담고 있어 되풀이되는 표현도 있으나, 각 글이 독립적 완결성을 갖고 독자의 이해를 돕도록 배려한 저자의 저술 방식이기에 원문에 충실히 하였습니다.

- 각 종교 경전의 인용은, 정확한 경의 구절을 소개하기보다, 경전이 담고 있는 의미와 뜻을 전달하고 있음으로 작은 따옴표(' ') 및 큰 따옴표(" ") 표기는 생략하였습니다.

- 맞춤법 표기는 국립국어원 표준국어대사전을 우선적으로 따랐습니다.

- 고유의 의미로 쓰이며 자주 반복되는 단어는 명사+명사라도 붙이고 통일했습니다.
  (예: 마음세상 / 진리나라 / 인간마음 / 우주마음 / 우주허공 등)

- 문장 중 단어가 연속으로 나와 나열임이 인지될 때는 쉼표(,)를 생략했습니다.
  (예: 업 습 몸 / 하나님 부처님 알라 / 천국 극락 낙원 등) 단, 혼란을 줄 수 있다고 판단되는 문장에서는 쉼표(,)를 넣기도 하였습니다.

- 합성어 및 띄어쓰기 혼용이 가능한 경우에는 <참출판사 교정 매뉴얼>을 기준으로 통일하였습니다.

살아서 천국 극락 낙원에 가는 방법

우 명 지음

HOW TO
GO AND LIVE IN
HEAVEN, PARADISE,
AND THE
LAND OF BLISS
WHILE LIVING

참출판사

우 명禹明

마음수련 명상의 창시자이며 인간 완성의 철학과 방법을 알려온 철학가, 강연가, 저술가이다. 삶과 존재에 대한 깊은 성찰 끝에 진리가 된 후, 사람들이 진리가 될 수 있도록 가르치는 데 헌신해온 명상 혁신가이다.

저서 〈이 세상 살지 말고 영원한 행복의 나라 가서 살자〉 영문판은 아마존 베스트셀러 종합 1위를 기록하였으며 다수의 철학 분야 도서상을 수상했다. 〈진짜가 되는 곳이 진짜다〉 영문판은 미국 에릭 호퍼 어워드에서 수여하는 '몽테뉴 메달'(2014)을 한국인으로서는 처음 수상했다.

〈하나님 부처님 알라를 만나는 방법〉은 미국에서 영역본 〈How to Have a Meeting with God, Buddha, Allah〉가 먼저 출간되었고 월스트리트저널, 반스앤노블 베스트셀러 종합 1위, 아마존닷컴 철학 영성 분야 베스트셀러 1위, USA 투데이 베스트셀러에 올랐다. 본 저서 〈살아서 천국 극락 낙원에 가는 방법〉 또한 영문 〈How to Go and Live in Heaven, Paradise, and the Land of Bliss while Living〉이 먼저 발행되며 화제가 되었다. 이외에도 〈살아서 하늘사람 되는 방법〉 〈세상 너머의 세상〉 〈하늘의 소리로 듣는 지혜의 서〉 등 진리에 관한 저서 십여 권을 출간했다.

우 명 선생의 저서들은 영어, 스페인어, 프랑스어, 이탈리아어, 스웨덴어, 헝가리어, 포르투갈어, 일본어 등 세계 여러 언어로 번역, 출간되고 있다.

차례

1장
진리의 나라로 가는 방법

다. 그 방법이 없으면 다 헛것이다 51 하나님 부처님 알라는 진리나라에 가야 찾을 수 있다 52 진리의 나라로 가는 방법 53 여기만이 사는 세상, 더 이상 좋은 세상이 없는 세상 56 세상 주인이 사람으로 와야 세상과 사람을 구원하실 수가 있다 58 진리의 존재가 하나님 부처님 알라이시라 진리의 나라가 천국 극락 낙원이라 59 세상 나서 사는 것이 세상 완성, 만상 완성, 인간 완성이고 다 이루어지는 것이라 60 가장 사람이 바라는 것은 행복하게 영원히 사는 것이라 62 천국 극락 낙원이 자기의 마음속 있으려면 살아서 가서 있어야 한다. 살아서 가 있지 않으면 죽어서는 없어서 가지 못하고 죽는다 64 세상 가서 사는 방법 65 이 세상에서 이치를 잘못 알고 있는 것은 죽고도 있다고 하는 것이다 66 살아서 참세상에 복 지은 자만이 영원히 자기 것이다 67 각 종교의 궁극적인 목적은 68

정신이 개벽이 되어서 세상이 완성된다 사람이 완성된다 69 진리 세상인 천국 극락 낙원에 나서 사는 마음 70 사람이 미완성이고 없는 것은 71 각 종교의 경은 세상 나서 사는 것을 예언한 예언서다 72 사람 속에 하나님 부처님 알라가 있고 천국 극락 낙원이 있다고 하는데 사람이 없는 이유와 이곳을 못 가는 이유 73 세상이 완성되는 시대라 75 종교의 궁극적인 목적과 세상과 종교가 하나가 되는 것은 76 있는 세상에 났을 때만 살 수가 있다 78 말씀으로 다시 나지 않고는 살 자가 없다는 뜻은 80 마음으로 믿어서 의에 이르고 입으로 시인하여 구원에 이른다 82 이 세상과 사람이 영원히 살고 구원이 되려면 83 세상 나서 살자 84 예수를 믿지 않고는 천국 날 자가 없다는 말뜻은 85 나는 길이요 진리요 생명이다의 말뜻은 86 하나님만이 우리를 구원하실 수가 있다는 말뜻 87 사라지는 이 세상이 내 안에서 진리로 다시 나서 세상과 나가 죽지 않고 살구나 89 헛마음 참마음 91

2장
진리의 나라에서는 모든 것을 다 이룰 수 있다

3장
Any Questions? Ask Me! 모든 궁금함에 대한 답변

며 편안한 마음가짐을 찾는 방법에 대해 자세히 알아보고 싶습니다. 136 긍정적인 삶을 살 수 있는 방법을 알려주세요. 137 우울증을 버릴 수 있는 방법을 알려주십시오. 138 공부할 때 집중할 수 있는 방법을 알려주십시오. 139 나 자신에 대한 깨달음을 얻기 위해 당신의 도움이 필요합니다. 당신의 말씀 '인생의 참 의미' 영상을 보았습니다. 저 자신에게 도움이 된다는 것을 알았습니다. 저도 깨침을 얻고 싶습니다. 140 저는 스트레스 버리는 방법을 찾고 있습니다. 141 자아 발견을 할 수 있도록 조언을 주십시오. 142 저는 인생에서 많은 어려움을 겪었습니다. 이 힘든 삶 속에서 삶의 의미를 찾고 싶습니다. 143 집중력 향상과 명상에 대해 안내해 주세요. 144 저는 현재에 살고 있지 않아 힘이 듭니다. 145

변하지 않는 행복과 진리를 찾고 싶습니다. 146 계획한 일들을 일년이 지나도록 다 하지 못하였습니다. 어떻게 해야 이런 저 자신을 바꿀 수 있을까요? 147 저의 마음 때문에 힘이 듭니다. 우울증으로 고통받고 있습니다. 148 최고의 삶을 살고 싶습니다. 149 마음의 평화를 찾고 싶습니다. 150 어떻게 하면 끊이지 않는 잡념에서 벗어날 수 있는지 알려주십시오. 152 행복, 자아 성찰 그리고 세상의 이치에 대해서 더 알고 싶습니다. 153 저 자신에게서 벗어나고 싶습니다. 154 건강해지는 방법을 알려주십시오. 155 삶의 의미에 대해 논의하고 싶습니다. 인생관과 가치관에 대해 알고 싶습니다. 156 사는 것이 너무 괴롭고 힘이 듭니다. 158 저는 긍정적인 마음을 가지고 싶고, 신의 뜻에 살고 싶습니다. 159 인생을 다시 살 수 있는 방법, 행복하게 살 수 있는 방법을 알려주십시오. 160

마음 닦는 과정에 대해 알려주십시오. 161 진리에 대하여 알고 싶습니다. 진리로 갈 수 있도록 가르침을 주셨으면 합니다. 162 당신이 이룬 것을 저도 이룰 수 있으려면 어떻게 해야 하나요? 164 저는 진리를 찾고 있습니다. 그리고 현실에서 진리로 살고 싶습니다. 166 깨침을 얻고 싶습니다. 167 종교에 만족하지 못하고 있습니다. 또 다른 종교에 시간 낭비하고 싶지 않습니다. 168 당신의 수련 방법에 대한 정보와 자아 발견에 대해 알려주실 수 있나요? 170 현재의 삶을 바꾸고 싶습니다. 제 인생을 영원히 바꾸고 싶습니다. 그리고 마음의 평화를 얻고 싶습니다. 171 부정적인 생각 때문에 힘이 듭니다. 172 저의 동료보다 일을 더 잘하고 싶습니다. 부러움을 어떻게 극복해야 할지 조언이 필요합니다. 173 운명이란 무엇인가요? 174 자기 계발을 하려면 어떻게 해야 하나요? 175 긍정적인 마음을 갖고 싶습니다. 176

진리로 다시 나는 방법에 대해서 알려주실 수 있나요? 177 순리를 받아들일 수 있도록 도와주십시오. 178 우울증을 없애기 위해 명상을 했으나, 꾸준히 하기가 힘들었습니다. 어떻게 해야 할까요? 180 하루에 얼마나 수련해야 하나? 181 어떻게 해야 죄책감에서 벗어날 수 있을까요? 182 인생의 참 목적은 무엇인가요? 183 저의 진짜 가치를 알고 싶습니다. 그리고 완성된 세상에서 살 수 있는 방법을 알고 싶습니다. 184 허공의 마음으로 살고 싶습니다. 185 우주와 통하는 방법을 알려주십시오. 186 몸과 마음을 넘어서는 방법을 알고 싶습니다. 187 항상 감사한 마음을 가지고 싶습니다. 188 이 명상 방법에 대해 더 많이 배우고 싶습니다. 189 저는 제 삶을 향상하기 위해 수련을 하고 있습니다. 저의 분위기와 환경을 바꾸고 싶습니다. 지나간 과거와 습관, 사고방식에서 벗어나고 싶습니다. 190

책을 펴내며

나는 어릴 때부터 사람이 진리의 세상에 가서 진리로 날 수 없을까 많이 생각하고 살아왔다. 하나님이 내 안에, 부처님이 내 안에, 알라가 내 안에 있다고 했고 천국 극락 낙원이 내 안에 있다고 해서 나는 깨끗하게 나의 업 습 몸을 다 버리니 우주의 탄생 이전의 자리인 139억 년 전의 무한대 우주허공에 영과 혼이 있었다.

이것이 내 안에 진리가 있고 또 진리나라가 있어서 미완성인 사람이 사는 세상을 이 나라인 진리의 나라에 다시 나게 하니 수없이 깨쳐서 더 이상의 나라가 없다는 것을 알게 되고 세상에서 궁금한 것과 의문 의심 일체가 다 없어졌다.

그래서 입시학원 경영도 그만두고 사람들을 진리나라에 데리고 가는 것이 나의 할 일임을 알고 이십육 년을 세상 사람들을 진리가 되게 하여 종교에서 또 사상에서 이루지 못한 미완성인 이 세상을 진리의 세상으로 하나가 되게 만들고 있다.

그리고 진리의 세상에 나게 해서 영원히 죽지 않는 세상을 만들고 있다. 세계 각지의 큰 나라에는 거의 다 이 공부를 하는 곳이 있다. 우주가 완성되고 인간 완성이 되어서 세계가 평화로 하나가 되었으면 하는 것이 나의 바람이다. 진리로 나면 세계가 하나가 될 수 있다.

우 명

머리말

죽고 없어지는 미완성인 인간이 사는 세상을 진리의 나라에 다시 나게 하면 죽지 않고 영원히 살 수가 있는 것이라. 그 나라가 사람의 마음속에 있는 것이라. 각 종교에서도 이 꿈같은 세상을 말로만 하고 있고, 살아서 이 세상에 가지를 못하고 있는 것이라. 사람은 이 세상에 살면서 배우고 익혀서 자기가 자기의 마음속에 가지고 있는 만큼 말하고 살고 있고 그 능력도 그 마음에 있는 것이라.

사람이 영원히 살고 죽지 않는 것도 그 마음에 진리나라가 있고 그 나라에 나 있으면 영원히 죽지 않을 수가 있는 것이라. 지금은 과학도 고도로 발달하였고 지금의 세상은 변화가 많은 시대라. 이 세상은 이제 살아서 천국 극락 낙원에 가서 사는 때라. 세상에는 발달한 과학과 더불어 이 세상이 완전한, 죽지 않는 그런 곳도 있는 때이고, 지금이 진리의 나라가 이루어지는 때라.

코로나바이러스로 수백만 명의 사람이 죽으니 많은 이들이 사람이 죽으면 어디로 가느냐는 무수한 질문을 한다.

죽지 않는 진리로 다시 나서 사는 곳은 우리가 사는 세상을 마음속 있는 진리의 나라에 다시 나게 해서 사는 이 세상이라. 이 세상에 있는 만상은 뜬구름처럼 개체가 생명이 없어서 사라지나 그 개체가 진리의 나라에 다시 나면 없어지지 않을 것이라. 이 세상 전체가 진리의 나라가 되면 종교와 나라가 하나가 될 것이라. 사람은 이것보다도 더 중요한 것은 없을 것이라. 사람들 모두가 배워서 하나가 되면 행복하게 살 것이라. 모두가 마음속에 진리 세상을 가지기를 바란다.

1

진리의 나라로
가는 방법

이제는 천국 극락 낙원에
살아서 가서 살 수 있습니다.

사람이 최고로 희망하는 것은

이 세상 사람 누구나가 희망하는 것은 영원히 죽지 않고 행복하게 사는 곳이 있다면 그것이 희망의 으뜸일 것이라. 또 사람에게 물어보면 그런 곳이 없어서 그렇지, 있다면 그것부터 할 것이라고 이야기한다. 그렇게 되려면 나의 마음을 진리 되게 하고 진리 세상에 살아서 나 있어야 삶, 죽음이 없이 그렇게 살 것이라. 지금 내 안에 있는 세상은 세상의 것을 사진 찍은 헛세상이고, 그 속 살다가 죽으면 사람은 없어지는 것이라. 그러나 내 안에 실상인 이 세상이 있고 거기에 나 있으면 죽음이 없고 영원히 살 수가 있을 것이라. 이렇게 되려면 사람의 죄인 몸과 업, 습을 다 닦아서 자기의 마음이 본바닥이 되고 거기서 세상 주인이 말씀으로 진리인 본바닥에 이 세상과 자기를 부활하게 해주어야 진리로 그 나라에 나서 영원히 죽지 않고 살 것이라. 이것이 지금은 실현이 되는 때라.

살아서 천국 극락 낙원에 가는 방법

사람들은 또 종교인들은, 사람이 죽으면 믿는 자는 천국 가고 극락 가고 낙원 가는 줄 알고 있고, 흔히들 죽어서 천 극락에 갔다가 왔다고 하는 이도 많다. 그들은 죽지 않고 있다가 살아나서 하나의 자기의 환상의 세상을 본 것이라. 사람은 세상 살고 있지 않아서 이 세상에서 사람이 사는 세상은 세상과 겹쳐진 사진의 세상이라. 그래서 사람이 사는 세상은 없는 세상이라.

사람은 자기의 마음인 뇌 속에 일생 동안 살아온 산 삶을 사진 찍어 그 사진 속에서 살다가 죽으면 죽고 마는 것이라. 그래서 천국 극락 낙원은 사람의 마음속에 있는 진리의 세상에 진리로 그 세상에 나 있지 않으면 아무도 그 나라에 살 수가 없는 것이라. 살아서 실상인 참세상이 자기의 마음속에 있지 않으면 갈 수가 없는 것이라.

이 세상 사는 것도 자기의 마음인 뇌 속에 가진 것만큼 말하고 행하고 살 듯이 자기의 마음속에 진리인 진리의 나라가 없는 자는 진리나라에 갈 수가 없는 것이라. 천국 극락 낙원에 살아서 나 있지 않은 자는 자기 속에 천국 극락 낙원이 없어서 갈 수가 없는 것이라. 가는 방법은 죽어 없어지는 인간이 사는 헛세상과 사람을 다 없애면 진리의 세상만 남아라. 그 세상에서 다시 나는 나라가 진리의 나라이고 영생천국 극락인 참세상이라. 그 세상만이 영원히 살 수가 있는 세상이라. 살아서 자기의 마음속에 그 나라가 없으면 살 수가 없는 것이라.

사람의 마음이 우주라. 자기 속에 헛세상인 자기가 다 죽고 본바닥인 우주의 허공에 성령과 성혼만이 있을 때 옛 자기가 다 죽은 증표라. 우주 자체가 자기의 마음이 되어서 그 나라에 세상의 주인이 다시 나게 하여 영생불멸의 진리의 나라가 되는 것이라. 이 세상과 사람이 다 구원이 되고 인간 완성, 세상 완성의 죽음이 없는 세상을 살아서 가서 살지 않는 자가 죽어서 간다는 것은 자기 속 마음에 가지고 있지 않아서 없는 것이라. 살아서 실상이고 진리인 천국 극락 낙원에 나서 사는 자만 영원히 죽음 없이 살 수가 있다.

이 세상이 천국 극락 낙원이 되는 방법

이 세상이 천국이 되고 불국토가 되고 낙원이 되려면 사람이 미완성인 헛세상을 없애고 진리인 세상에 다시 나야 하는 것이라. 기독교에서도 이 땅, 이곳에서 이 몸으로 산다고 했다. 사람의 마음인 헛세상인 업 습 몸을 없애면 진리이고 참인 무한대 우주의 영과 혼만이 남아 그 자체가 자기의 마음이라. 그것이 진리인 참세상이 자기의 마음이 되어서 그 마음에서 참세상 주인이 다시 나게 하시면 그 나라가 진리의 나라라. 그 나라가 이 세상이 그대로 진리로 다시 나서 나의 마음속 있는 것이라. 이 세상을 자기 마음속에서 사진 찍은 세상이 진짜 세상으로 나의 마음속에 다시 나서 있으니 이 세상이 진짜 세상인 것이라. 이 나라에 살아서 가야만이 살 수가 있는 것이라. 나의 마음속의 참세상에서 참세상 주인이 다시 나게 해주어야 이 세상이 진리라, 천국 극락 낙원이 되는 것이라.

마음속 있지 않으면 없는 것이다

이 세상에 있는 것은 일체가 마음속에 있어야 있는 것이고 마음속에 없으면 없는 것이다. 사람의 마음은 없는 허상의 마음이라. 그 마음을 버리고 실인 진리의 세상의 마음 가지고 그 나라에 다시 나면 그 나라가 진리의 나라라. 이 자체가 나의 마음속에 있으면 영원히 살 수가 있는 것이고, 그 마음에 가지고 있는 만큼 말하고 행하고 살 수가 있듯이 그 마음에 없으면 없는 것이라. 그 마음에 능력을 갖추고 겸손하고 덕이 있는 자는 잘살 수가 있을 것이다. 자기가 마음에 가질 수 있도록 그 마음을 닦아야 하고 배워서 가져야 한다. 진리가 된 마음은 다 가질 수가 있다. 그 마음속에 가지고 있도록 헛마음은 버려야 한다.

천국 극락 낙원은 살아서 가야 한다

천국 극락 낙원은 살아서 가는 곳이지 살아서 자기 속 그 나라가 없는 자는 그 나라 가지 못한다. 사람의 마음은 세상의 산 삶과 습과 몸에 의하여 사진 찍은 허상인 복사의 마음이라. 그 복사의 마음 버리고 참세상이 나오면 세상 주인이 진리로 다시 나게 하셔서 진리 세상인 참세상이라. 그 나라에 다시 나면 그 나라가 천국 극락 낙원인 진리의 세상이라. 그 나라만이 사는 세상이고 그 나라가 참세상에 있는 것이라. 살아서 그 나라 가서 살아야 삶, 죽음이 없이 그냥 그 나라에 영원히 살 수가 있는 것이라. 천국 극락 낙원은 살아서 가는 곳이고 자기 속에 없으면 죽으면 죽고 마는 것이라.

새 봉우리의 박격달봉(보고다봉) 천산. 5445m

세계가 평화로 하나가 되는 방법

사람이 평화로 하나가 되려면 사람의 마음이 참이 되는 것
이라. 이 세상에는 수많은 사람이 살고 있고 그 사람의 마
음은 사람의 수효만큼 많아서 나라도 나라 나라가 하나가
되지 못한다. 그러나 세상이 하나가 되려면 그 가짜인 인
간마음을 버리고 진리인 세상의 마음, 진리인 세상의 몸이
되도록 전인교육을 하여서 모두가 참인 진리의 마음이 되
면 너의 나라, 나의 나라가 없고 모두가 진리인 하나의 마
음이 되어서 세계가 평화로 하나가 될 것이다. 종교가 진
리가 하나가 되고 나라도 하나가 된다.

거짓인 사람의 마음

사람의 마음은 세상의 것을 사진 찍어 만든 자기의 산 삶
이 업이고 조상으로부터 물려받은 습에 자기 속 환으로 내
재가 되어 있어서 그것도 마음이다. 그리고 자기의 몸도
자기 마음속에 있어서 그것이 다 마음인 것이다. 이 마음
을 다 버리면 참마음이 자기 속에 있는 것이라. 체계적으
로 버리는 방법이 있어서 버리면 진리에 이를 수가 있다.

진리의 마음이란

진리의 마음은 자기의 업 습 몸을 다 버리면 무한대 우주
의 허공에 성 영혼인 정과 신만이 남고 이 존재가 보신, 법
신불이다. 이 자체가 자기의 마음이 되었을 때 진리의 마
음이고 자기 속에 있어서 하나님 부처님 알라가 진리의 마
음속에 있는 것이라.

세상 사는 것도, 능력도, 천극락도 마음속에 있다

사람들은 이 세상을 살면서 어떤 이는 잘살고 어떤 이는 못살고 하는 것이라. 그 마음속에 가지고 있는 것만큼만 말하고, 그 마음속에 가지고 있는 능력만큼만 살 수가 있는 것이라. 천극락도 그 마음속에 가지고 있는 자만이 살 수가 있는 것이라. 자기의 마음이 닦인 것만큼 말하고 살고, 그 능력만큼만 살 수가 있는 것이라. 자기의 마음속에 능력도 닦아야 하고, 자기의 마음속에 천극락도 자기가 만들어야 갈 수가 있고, 있는 것이라.

살아서 인간 완성, 우주 완성이 되는 방법

사람들은 흔히들 생각하기를 자기가 죽으면 천국 극락 낙원에 가는 줄 알고 있으나, 사람이 죽으면 아무것도 없는 것이라. 사람은 자기의 마음속에 가지고 있는 것이 자기가 세상 살면서 세상의 것을 사진 찍은 사진기와 같은 장치인 눈, 코, 귀, 입, 몸에 의하여 사진을 찍는 사진기이고 그 사진기가 마음속에 찍어 놓은 것이 기억된 산 삶의 일체인 그 사진 속에 살아서 사람은 미완성이라. 사람이 죽으면 기억된 산 삶이 없어져서 그 사람은 생각도 못 하고 천국에 가고 극락, 낙원에 간다는 말도 없는 것이라. 또 죄가 많은 이는 지옥에 간다는 말도 없는 것이라. 사람이 죽으면 그 마음이 없어서 아무것도 없는 것이라.

그러나 사람이 살아서 천국 극락 낙원에 가는 방법은 미완성인, 살아서도 세상과 겹쳐진 자기의 마음속 살고 있는 업 습 몸을 버리면 자기가 일체 없어져서 이 세상의 근원에 가서 그 근원인 본바닥에서 세상의 주인이 다시 나게 하여야 진리인 본바닥에서 본바닥의 재질로 다시 나는 것이라. 그것이 진리의 나라이고 이 세상만이 살 수가 있는 천극락이라. 이 나라에 살아서 가서 사는 자는 그 마음속에 진리의 나라가 있어서 그 나라에 살 수가 있는 것이라.

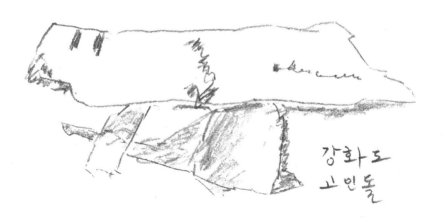

강화도 고인돌

천극락은 어디에 있는가

천국 극락 낙원은 성경에도 마음속에 있다고 했고, 하나님 부처님 알라도 마음속 있다고 했다. 자기의 업 습 몸 일체가 없어지면 이 세상인 본바닥이 나의 마음속에 있는 것이라. 그 자체가 자기의 마음이 되어서 거기서 세상의 주인이 다시 나게 하여 주시면 자기 마음속에 이 세상이 진리로 창조가 되는 것이라. 그 나라가 진리의 나라인 천국 극락 낙원이라. 그래서 천국 극락 낙원은 자기의 마음속에 있는 것이라. 자기 마음속 진리의 나라에 이 세상이 세상 주인의 말씀으로 다시 나 있는 진리의 세상이라.

이 땅 이곳이 진리인 나의 마음속에서 진리로 나 있는 세상이라.

교육 중 최고의 교육
참사람이 되고 세상살이를 하면 후일 진실되고
잘살 수가 있다

교육 중 최고의 교육은 전인교육이다. 많은 이가 많은 시간을 투자하여 학교에도 나가고 또 공부를 하고 있지만 그것은 거의 다가 먹고사는 공부이고, 그저 먹고사는 공부만 하는 것이라. 사람이 미완성이고 거짓의 삶 사는 것이라는 것 알지 못하고 있고, 참인 진리의 삶 사는 것보다도 더 중요한 것이 없기에 학교 공부도 일주일에 한두 시간 정도는 전인교육을 하여 사람이 완성이 되고 죽지 않고 영원히 사는 공부를 해야 한다. 세계인이 이 공부를 하면 세계가 평화로 하나가 될 수가 있는 것이라.

이 땅 이곳이 진리의 나라인 천국 극락 낙원이 되는 것은 진리의 나라에 진리로 다시 나야 싸움도 없고, 성실히 열심히 일하여 모두가 잘살고, 세상이 평화로 하나가 되고, 너의 나라 나의 나라가 없고, 도둑이 없고, 사기꾼도 나쁜 사람도 없어 모두가 남을 위하여 살 것이라. 살아서 천국 극락 낙원에 가서 행복하게 살 수가 있는 이 땅 이곳이 천극락이고, 죽음이 없이 사니 근심 걱정 스트레스가 없고, 궁금한 것과 의문 의심이 없고, 다 사는 시대라. 이것이 진리를 아는 전인교육인 것이라. 이것을 알고 지식 공부인 학교 공부를 하면 학문에 더 발전이 있을 것이라. 이 공부만 하면 모두가 행복하게 살 수가 있을 것이라.

목적은 진리나라에 가서 진리로 다시 나서 모두가 성인이 되는 시대가 되는 것이라. 종교가 하나가 되고, 세계가 평화로 하나가 되니 너 나가 없어 모두가 하나가 되어 살기에 행복한 세상만이 있다. 세상 사람 모두가 이 공부를 하여 세계가 하나가 되고 모두가 하나가 되어야 세계가 하나로 살 수가 있다.

인간은 세상에 살지 않는 허상이라

사람이 미완성인 것은 사람이 세상 나 살지 않고 자기의
수명만큼만 살다가 죽고 마니 미완성이고, 세상과 겹쳐진
자기의 마음속 살아서 미완성인 것이라. 살아가면서 자기
의 마음의 세상 속에 세상의 것을 사진과 같은 기억된 사
진으로 가지고 있어서 그 사진에 의하여 삶 살고 있기에
허상인 것이라. 사람은 눈, 코, 입, 귀, 몸이 사진기이고 자
기 마음속에 세상의 것이 아닌 자기 마음세상을 가지고 있
어서 미완성인 것이라. 세상 사는 줄 착각하고 사나 세상
사는 것이 아닌 자기 마음속 살아서 허상인 것이라. 그래
서 사람은 미완성인 것이라.

살아 있을 때 천국 극락 낙원에 못 간 자는
죽으면 그 마음에 천국 극락 낙원이 없어 못 간다

사람은 자기의 마음속 가지고 있는 것만큼 말하고 살 수가 있다. 내 안에 소련 말이 없는 자는 소련 말을 못하듯 내 안에 천국 극락 낙원이 없는 자는 천국 극락 낙원이 없는 것이라. 천국 극락 낙원은 진리의 세상이라. 자기 속에 진리가 없고 진리의 세상이 없는 자는 죽어도 그 세상이 없어서 가지 못할 것이다.

사람과 세상이 영원히 사는 방법

사람과 세상이 영원히 사는 방법은 가짜인 인간의 마음세상을 없애고 미완성인 인간과 세상마저 버리면 본바닥인 영과 혼인, 정과 신인, 보신 법신인, 성령과 성혼이 남고 그 자체가 나의 마음이 되어서 진리인 그 자체의 몸 마음으로 다시 나야만 영원히 살 수가 있다. 세상 주인의 말씀으로 다시 나지 않고는 살 자가 없다. 사람은 세상 사는 줄 아나 세상 살지 않고 자기의 마음의 세상 속 살고 있어서 미완성인 것이라. 헛세상인 그 마음의 세상에 살고 있는 자기를 다 없애고 마음의 세상을 버리고 진리에 가서 진리나라의 주인이 다시 나게 하여 주어야 영원히 살 수가 있다.

이 땅 이곳이 헛세상이라 물질의 수명만큼만 살지만 그 자체가 나의 마음속 있는 진리의 나라에 가서 진리로 다시 나면 영원히 죽지 않고 살 수가 있는 것이라. 지금은 진리의 나라에 가서 사는 방법이 있어서 누구나가 방법을 따라 하면 이룰 수가 있다.

살아서 영원히 죽지 않는 세상에 가는 방법

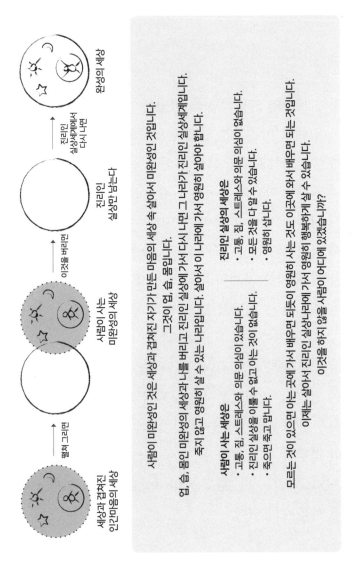

세상과 겹쳐진
인간마음의 세상

펼쳐 그리면

사람이 사는
미완성의 세상

이것을 버리면

진리인
실상만 남는다

진리인
실상세계에서
다시나면

완성의 세상

사람이 미완성인 것은 세상과 겹쳐진 자기가 만든 마음의 세상 속 살아서 미완성인 것입니다.

엽, 숨, 몸인 미완성의 세상과 나를 버리고 진리인 실상에 가서 다시 나면 그 나라가 진리인 실상세계입니다.

죽지 않고 영원히 살 수 있는 나라입니다. 살아서 이 나라에 가서 영원히 살아야 합니다.

그것이 몃, 숨, 몸입니다.

사람이 사는 세상은
• 고통, 짐, 스트레스와 의문 의심이 있습니다.
• 진리인 실상을 이룰 수 없고 아는 것이 없습니다.
• 죽으면 죽고 맙니다.

진리인 실상의 세상은
• 고통, 짐, 스트레스와 의문 의심이 없습니다.
• 모든 것을 다 알 수 있습니다.
• 영원히 삽니다.

모르는 것이 있으면 아는 곳에 가서 배우듯이 영원히 사는 것도 이곳에 와서 배우면 되는 것입니다.

이제는 살아서 진리인 실상나라에 가서 영원히 행복하게 살 수 있습니다.

이것을 하지 않을 사람이 어디에 있겠습니까?

종교 철학 사상 학문과 나라가 하나가 되어서 완성이 된다

종교, 철학, 사상, 학문도 진리에 귀의하면 일체가 하나가 되고, 나라마다도 그 사상이 진리에 귀의하면 하나가 된다. 지금까지는 사람마다 서로 다른 마음을 가지고 있어서 하나가 되지 못하였지만, 하나인 진리에 귀의하면 마음이 하나밖에 없는 것이라. 너의 나라, 나의 나라가 없고 우리가 되어서 하나가 되는 것이다. 진리나라에 다시 나서 일체가 진리라 하나라.

사람 마음에 따라 삶 살고 그 마음에 진리 세상 가진 자는 죽지 않고 살 것이다

우리는 어릴 때부터 유치원, 초등학교, 중학교, 고등학교, 대학교에 다니고 거기서 전문 분야를 공부해 사회에 나간다. 자기 전공에 따라 법을 공부한 자는 법으로 먹고살고, 건축을 공부한 자는 건축으로, 컴퓨터를 공부한 자는 컴퓨터로 먹고산다. 자기 마음에 가지고 있는 만큼 그것을 가지고 세상살이도 하고, 어떤 이는 그 마음에 능력이 있어 그 능력으로 먹고살기에, 그 능력도 갖추면 능력이 있어서 잘살 수가 있다. 하는 일 그것만 하고 다른 생각이 없고 타인의 추종을 불허하는 일인자가 되었을 때 능력이 있어서 잘살 수가 있다. 그리고 겸손하고 남을 배려하는 마음이 있으면 막힘이 없어서 잘살 수가 있다.

그 마음에 가지고 있는 것에 따라서 삶 살듯이 마음속에 헛세상 가진 사람이 참세상을 가지게 되고 참세상에 나게 되면 영원히 죽지 않고 살 수가 있는 것이라. 그러기에 하나님 부처님 알라도 자기 속 있고 하나님 부처님 알라의 나라도 자기 속 있다고 했다. 살아 있을 때 그 마음에 살아서 있게 한 자만이 진리나라에서 영원히 살 수가 있을 것이고, 영생할 수가 있을 것이라. 살고 죽고도 마음먹기에 따라서 살고 죽고 하는 것이라. 참세상에 나 있는 자는 살 것이고, 헛세상 사는 자는 죽으면 죽고 말 것이다. 마음에 먹은 것이 마음에 있는 것이라. 있는 것 따라 살 것이라.

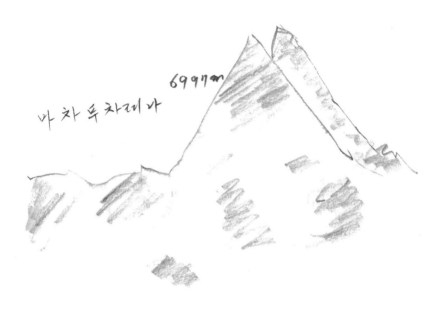

마차푸차레. 6997m

참마음이 있는 곳

참마음은 자기 속에 있으나 사람에게는 참마음이 없는 것
이 사람은 참마음인 우주허공이 자기 속에 없는 것이라.
이 참마음과 세상의 것을 사진 찍어서 자기가 만든 자기
마음을 가지고 있어서 참마음이 없다. 이 참마음이 자기
속에 있으려면 자기가 만든 세상 살면서 사진 찍은 허상
인 자기의 마음을 버리면 그리고 자기 몸마저 없으면 참마
음이 자기 속에 있는 것이라. 자기 속에 있으나 자기가 만
든 마음 때문에 참마음이 없다. 그 참마음이 헛마음에 가
려 없는 것이라. 하늘에 구름이 있어 하늘이 보이지 않듯
이 구름이 없으면 하늘이 있듯이 구름인 가짜 마음인 허상
을 없애면 참마음이 드러난다.

참세상이 있는 곳

참세상은 사람의 마음속에 있다. 사람이 참세상에 나 있지 않아서 참세상이 없는 것이라. 자기의 업과 습과 몸이 없어지고 근원인 본바닥에 되돌아가서 다시 이 세상과 몸이 참세상에 나야 참세상이 있게 되는 것이라. 사람과 만상이 죽음이 있고 헛세상 있다가 사라지고 죽고 마는 것은 참세상 나 있지 않아서 그러하다. 그러나 참세상 나면 진리라 죽음이 없는 것이라. 이 세상에 있는 천지 만물만상은 참세상 나 있지 않아서 죽고 말고 없어지나, 참세상 나면 죽지 않고 사는 것이라.

진리인 이 세상에 나 있지 않으면 모두가 가짜인 세상이다

흔히들 생각하기를 천국 극락 낙원이 다른 곳이라고 생각하는 이가 많다. 영원히 사는 곳이란 진리나라여야 하고, 있는 곳이란 진리이어야 있는 곳이다.

진리의 나라란 사람 마음속에 있는 진리로 다시 나 있는 이 세상이다. 사람은 이 세상 나서 사는 줄 착각하고 사나, 사람은 세상에 한번도 살아보지 못하였다. 세상과 겹쳐진 자기의 마음의 세상 속 살아서 사람은 미완성인 것이라. 자기가 만든 산 삶과 습과 몸을 없애면 진리인 세상에서 다시 나서 그 나라가 참세상이라. 참세상이 아니면 모두가 가짜이고 없는 세상이라.

부수면, 또 죽고 없어지는 이 세상을 다 부수고 없애면 진리인 참세상이 나의 마음이 되어 나의 마음속에서 이 세상과 나가 다시 나면 없어지지 않는 진리가 되는 것이라. 이 세상에 사람이 사는 곳은 물체가 다 없어지지만, 진리가 된 나의 마음속에서 다시 난 세상과 나는 없어지지 않아서 이 나라만이 살 수가 있는 나라이다.

이 나라가 아니면 살 곳이 없는 것이, 없기에 없는 것이라. 실이 아니라 허인 것이라.

Valley in Nepal

사람은 아는 것이 아무것도 없다

사람은 어릴 때부터 배우려고 유치원도 각 학원도 그리고 학교도 다니고 많은 것을 배우고 익혀 왔다. 그러나 사람이 사는 세상은 자기의 마음의 세상 속 살아서 헛세상에서 헛꿈 꾸고 헛짓하다가 없어지고 마는 것이라. 진리인 참에서 보면 일체가 허인 거짓이라 아는 것이 아무것도 없다. 그래서 궁금한 것과 의문 의심이 있고 고통 짐 지고 사는 것이라. 앎이 없어서라. 참세상 나서 보면 사람이 사는 곳은 없는 세상이고 헛것만 가지고 있고 자기 마음속에 세상의 것을 사진 찍어 가진 기억된 일체가 사진이라서 허라. 참이 아니라 허인 것이라. 아는 것이 아무것도 없다. 참에서 보면 일체가 헛것인 것이라.

종교와 세상이 하나가 되는 방법

이 세상에는 종교도 많고 이 세상에는 기독교도 많아 같은 기독교도 종파가 수만 가지라. 불교도 마찬가지고 이슬람교도 마찬가지라. 사람들은 자기가 하는 것만 맞는다고 생각하고 사는 것이라. 맞는 것이란 진짜가 되는 곳이 맞는 것이라. 진리가 되는 곳만이 맞는 곳일 것이다. 진리인 진짜가 아니면 다 가짜가 아니겠는가. 하나님 부처님 알라도 진짜가 아니면 가짜가 아니겠는가. 진짜는 진리만이 진짜일 것이라. 종교 전쟁을 끊임없이 하는 것도 기독교에서는 하나님, 불교에서는 부처님, 이슬람교에서는 알라라 하니 그 이름은 서로가 다르나 진리인 이 우주의 본바닥에 있는 영과 혼만이 있는 것이라.

　이 존재를 서로가 다르게 부르고 있으나, 이 존재가 진리이고 이 존재를 종교마다 그 이름을 다르게 부르고 있는 것이라. 사람의 마음이 진리인 영과 혼이 되고 그 나라에 나서 살면 종교와 세상이 하나가 되는 것이라. 모두가 거짓의 세상에서 자기 것만 맞는다고 하나 이것을 버리고 진리의 나라에 되돌아가서 거기서 다시 나면 그 나라가 참 세상이라. 평화로 세상과 종교가 하나가 된다. 지금은 하나가 되는 때이고 그 대안이 있고 세계 각 곳에 거짓의 마음이 없게 하여 참마음이 되고 또 세상에 나면 하나가 되는 것을 자주 본다. 이미 세계의 500개 이상의 곳곳에서 세상이 하나가 되는 미완성인 거짓의 세상을 버리고 진리의 세상 가는 공부를 하고 있다. 결과적으로 종교도 나라도 없이 하나가 되고 있다.

새 나라 새 세상은 나의 마음속에 있는 진리의 나라라

이 세상에는 사람의 수효만큼 많은 마음이 있고 생각이 서로가 달라서 사회의 전반 분야에서 서로가 맞는다고 우기고 싸움하고 있는 것이라. 그러나 사람의 마음은 자기가 살아오면서 자기가 가진 마음이라 맞는 것이라고는 하나도 없는 것이라. 자기의 생각일 뿐인 것이라. 실상에서 보고 또 아는 것이 없어서 다 허인 것이라. 이 세상이 없어지지 않는 진리의 나라가 되려면 나의 마음의 세상 속 있어야 있는 것이라. 다시 말하면 이 세상이 진리의 세상에서 다시 나면 그곳이 천극락이고 새 하늘 새 땅인 것이라.

내 안의 진리의 나라에 진리로 다시 난 이 세상의 천지만물만상은 진리나라에 진리로 다시 나서 죽지 않고 살 것이라. 이곳만이 살 수가 있는 곳이고, 이 세상이 진리로 다시 난 세상이라. 이 세상에 있는 것은 있고 이 세상에 있지 않으면 없는 것이라. 모든 것이 자기의 생각이라.

예를 들어 사람이 죽으면 허인 사진을 찍어서 만든 기억된 생각만 있어 그것이 자기의 마음이라. 그것은 자기의 뇌가 죽으면 없어지는 것이라. 그 자체가 없어지면 그 사람은 헛생각도 못 할 것이고 몸을 베어가도 아프다고 하지 못 할 것이라. 불에 가서 그 몸을 태워 버리면 아무것도 없을 것이라. 사람이 죽으면 보는 대로 있는 대로 삶의 일체가 끊어지는 것이 죽음이라. 죽음은 없어지는 것이 죽음이라. 죽음은 살지 않는 것이 죽음이라. 죽음은 살지 못하는 것이고 살지 못하니 없는 것이라.

살아 있을 때 자기 마음속 진리의 세상이 있고 그 나라에 다시 나 있는 자는 그 몸이 없어져도 그냥 있는 것이라. 자기 속 진리의 나라에 나 있어서 그러한 것이라. 이곳만이 사는 곳이고 영원히 살 수가 있는 곳이라. 세상의 주인만이 이 나라에 가게 하여서 다시 나게 할 수가 있다. 이것이 구원이고 부활이고 영생천국이고 휴거이고 인친 것이고 거듭남이고 다시 남이라. 진리의 나라에서 영과 혼으로 다시 나야 되는 것이라. 그래서 살 수가 있는 것이라.

사람이 궁금한 것과 의문 의심이 있고
고통 짐 지고 스트레스로 사는 이유는 무엇인가

사람은 참세상 나서 살지 않고, 없는 세상인 자기의 마음
이 만든 세상에 살아서 궁금한 것과 의문 의심이 있고 고
통 짐 지고 사는 것이라. 사람의 마음이 참이 되고 참세상
나서 살면 궁금한 것과 의문 의심이 없고, 고통 짐 스트레
스가 없는 것이라. 인간의 관념 관습에서 다 벗어나 완전
한 마음을 가지고 있어서라.

옛 세상과 새 세상

옛 세상은 하늘이 주인이고 새 세상은 하늘인 사람이 와서 사람이 주인이라. 옛 세상은 사람의 마음속에 있어서 미완성이고 죽고 마나, 새 세상은 세상에 나 있어서 죽음이 없는 마음이 되어 죽지 않고, 개체가 진리라 죽지 않는다. 옛 세상은 사람 마음속 있어서 실이 아닌 허라. 없는 세상인 사진의 세상이라.

새 세상은 진리나라에 이 세상이 다시 나서 진리의 세상이라 실상이라. 옛 세상은 물체가 나 있으나 생명이 없는, 없는 존재라. 그것들은 모두가 뜬구름과 같이 있다가 사라지는 존재라. 새 세상은 물체가 진리나라에 생명으로 다시 나서 죽지 않는 진리이고 살아 있는 존재라. 옛 세상은 실마음이 없고 헛마음에 헛짓하고 헛고생하다가 죽고 말고, 새 세상은 실마음에 실세상 일하면서 그냥 사는 것이라.

하나님 부처님 알라를 보지 못하고 천국 극락
낙원도 가지 못하면 아무런 뜻, 의미가 없다.
그 방법이 없으면 다 헛것이다

성경, 불경, 코란에서는 하나님이 내 안에, 부처님이 내 안
에, 이슬람교에서는 알라가 내 안에 있다고 했다. 그리고
하나님의 나라인 천국이 내 안에, 부처님의 나라인 극락이
내 안에 있다고 했고, 이슬람교에서는 알라의 나라인 낙원
이 내 안에 있다고 했다. 그러나 사람의 마음에 이것이 있
는 자는 아무도 없다. 그 이유가 사람은 이 세상과 겹쳐진
마음의 세상 속에 살고 있어서 아무도 이 존재를 아는 자
도 본 자도 없고 천국 극락 낙원에 간 자도 없는 것이 사
람의 마음속에 있다던 것이 없어서라. 죽어서 없어지는 이
세상을 다 없애면 우주 무한대 허공에 영과 혼이 남지 않
는가.

하나님 부처님 알라는 진리나라에 가야 찾을 수 있다

모든 것은 있는 곳에 가야 찾을 수가 있다

종교의 지도자가 말하길 이 세상에는 수십 억의 기독교인이 있지만 아무도 하나님을 본 자가 없다고 했다. 아무도 보지 못하는 것은 사람이 사는 세상은 참세상이 아니고 참세상과 겹쳐진 허상세계인 자기의 마음의 세상 속 살아서 하나님 부처님 알라를 볼 수가 없고 찾을 수가 없다.

산에 가야 범을 볼 수가 있고, 바다에 가야 고래를 볼 수가 있고, 금광에 가야 금을 구할 수가 있고, 다이아몬드가 있는 곳에 가야 다이아몬드가 있듯이 하나님 부처님 알라가 있는 곳에 가야 찾아볼 수가 있다. 사람이 사는 헛세상에는 진짜 존재인 하나님 부처님 알라가 없다. 세상과 겹쳐진 자기의 헛세상을 버리면 참세상만 남고 그 나라가 자기 속에 있을 때 진리이신 하나님 부처님 알라가 있다. 이 존재는 참세상에 가야 알고 볼 수가 있는 것이다. 천국 극락 낙원도 이 존재가 다시 진리나라에 창조하여 주시어 구원이 되었을 때 있는 것이다. 하나님 부처님 알라, 천국 극락 낙원은 자기의 마음속 진리의 나라에 있는 것이다.

진리의 나라로 가는 방법

기독교에서는 하나님이 내 안에, 하나님 나라인 천국이 내 안에, 불교에서는 부처님이, 부처님 나라인 극락이 내 안에, 이슬람교에서는 알라가, 알라의 나라인 낙원이 내 안에 있다고 하는데, 어떻게 해야 내 안에서 찾을 수 있을까?

사람은 세상과 겹쳐진 자기 마음세상 속에 살고 있다. 이 마음을 다 버리면 진리가 내 안에, 진리의 나라가 내 안에 있다. 사람의 마음은 산 삶인 업과 조상으로부터 물려받은 습과 몸으로 이루어져 있는데, 이 업 습 몸을 다 버리면 내 안에서 진리를 찾을 수 있다.

이 진리를 기독교에서는 하나님, 불교에서는 부처님, 이슬람교에서는 알라라고 부르고 있다. 진리인 하나님 부처님 알라를 기다리는 이유는 그 존재가 와야 나를 진리의 나라에 데리고 갈 수가 있기 때문이다. 그러면 지금 누군가가 나를 진리의 나라에 데리고 가서, 진리의 나라에서 살 수 있게 해주고 있다면, 그렇게 하고 있는 사람이 바로 내가 기다리던 존재가 아니겠는가? 그 사람의 이름이 하나님이든 부처님이든, 알라든 또는 탐, 찰스, 데이비드면 어떠한가? 중요한 것은 나를 진리나라에 데리고 가서 거기서 살 수 있게 해주는 존재를 우리가 오랜 세월 동안 기다려 왔고, 지금 누군가가 이것을 이루어주고 있다면 그 존재가 진리인 것이다. 그 존재가 바로 내가 기다려 온 진짜가 아니겠는가? 왜냐하면 내가 기다린 것은 그 이름이 아니라 나를 진리나라로 데려가 줄 수 있는 능력을 가진 존재이기 때문이다.

진리가 내 안에, 진리나라가 내 안에 있게 하는 곳이 있으면 거기가 진짜인 것이다. 진짜는 구세주, 재림예수, 미륵, 정도령, 탐, 찰스, 데이비드의 이름에 있음도 아니고, 종교에 있음도 아니다. 내 안의 진리나라에 데리고 가는 곳이 진짜인 것이다.

모든 종교, 사상, 철학의 궁극적인 목적은 진리나라에 가서 사는 것이다. 가짜 마음인 업 습 몸을 다 버려서 내 안에서 진리를 찾게 하고, 또 진리의 나라에 갈 수 있는 방법이 있다.

진리의 나라도 살아서 가야 한다. 죽어서 가는 것이 아니다. 사람은 마음에 가진 만큼 행하며 산다. 지금 내 마음에 진리의 나라가 없으면 죽어서도 없다. 진리의 나라에 살지 못한다. 지금 내 마음에 진리의 나라가 있어야 죽어서도 진리의 나라에 산다. 내가 진리의 나라인 천국 극락 낙원에 나 있지 않으면 헛세상 살고 있기에 죽으면 죽고 없어진다. 살아서 자기 안에 있는 천국 극락 낙원에 가지 않으면 영원히 갈 수가 없는 것이다.

인내를 가지고 가짜인 마음을 다 버리면 진리가 내 안에, 진리의 나라가 내 안에 있음을 살아서 확인하고 영원히 그곳에서 살 수가 있다. 그것이 지금 이루어지고 있는 것이다. 그렇다면 여러분은 이제까지 기다려 오던 그 이름만을 계속 기다릴 것인가? 아니면 이루어지고 있는 방법을 따라 가짜인 인간마음을 닦아 지금 내 마음 안에 진리가 그리고 진리의 나라가 있게 하여 진짜 나의 삶을 살겠는가? 여러분은 어떻게 하시겠습니까?

여기만이 사는 세상, 더 이상 좋은 세상이 없는 세상

기독교에서는 예수를 믿으면 천국 간다고 했고, 불교에서는 부처님을 믿으면 극락에 간다고 했고, 이슬람교에서는 알라를 믿으면 낙원에 간다고 했다. 이 세상은 서로가 말이 다르나 진리의 세상인 참세상을 말하는 것이라.

사람은 세상에 사는 줄 아나 세상에 살지 않고 자기의 마음의 세상 속 살아서 미완성인 것이라. 세상 사는 줄 착각하고 사나 세상과 겹쳐진 자기의 마음세상 속 살아서 미완성인 것이라. 없어지는 이 세상과 없어지는 자기가 없으면 진리의 나라에 가서, 거기서 다시 나면 그 나라가 천국 극락 낙원이고 진리의 죽지 않는 나라라. 이곳이 세상이라.

사람이 세상 사는 줄 아나 세상 살지 않아서 자기가 사는 헛세상을 다 없애고 참세상에 가서 다시 나면 그 세상이 죽지 않고 사는 세상이라. 그 세상만이 진짜의 세상이라. 그곳만이 진짜라.

백두산 천지

백두산 천지

세상 주인이 사람으로 와야 세상과 사람을 구원하실 수가 있다

기독교에서는 재림예수를 기다리고 있고 불교에서는 미륵을 기다리고 있고 이슬람교에서는 알라를 기다리고 있다. 모두가 기다리나 그들이 바라는 그런 존재는 그들의 마음이 참이지 않아서 영원히 기다려도 오지 않는다. 세상의 주인이라는 우주의 근본인 본바닥인 우주의 허공은 성 영혼으로 되어 있고 보신 법신으로 되어 있다. 이 존재가 사람으로 왔을 때 헛세상에서 없는 세상 살다가 죽고 마는 사람을 구원하실 수가 있는 것이라.

진리의 존재가 하나님 부처님 알라이시라
진리의 나라가 천국 극락 낙원이라

진리의 존재는 이 세상에는 천지 만물만상이 나기 이전의 자리가 우주의 허공에 정과 신인 영혼이 있는 것이라. 그 자체가 성령 성혼의 하나님이시고, 보신 법신의 부처님이 시라. 그 나라에 미완성이고 죽어 없어지는 이 세상을 다시 나게 하여서 그 나라에 살리는 것이 구원이고 부활이고 천국 극락 낙원이라. 이 세상이 내 마음속에 다시 나 있는 나라가 그 나라라. 그 나라가 참의 세상이라. 그 나라가 세상이라. 이곳만이 살 수가 있는 곳이고, 이곳만이 천국 극락 낙원이라. 이곳이 아니면 생각의 천극락이라 없는 것이라. 진리인 이 세상에 있는 것만이 있는 것이라.

세상 나서 사는 것이 세상 완성, 만상 완성, 인간 완성이고 다 이루어지는 것이라

사람이 죄업의 세상인 자기의 마음의 세상 속 살고 있어서 사람은 미완성이고, 고통 짐 지고, 스트레스가 있고, 궁금한 것과 의문 의심이 있는 것이라. 세상에 사는 것이 아닌 세상과 겹쳐진 자기의 마음의 세상 속 살고 있어서 사람은 세상을 봄과 동시에 사진 찍는 마음이라 자동카메라라. 눈, 코, 귀, 입, 몸에 의하여 자기의 기억된 생각인 자기가 그 속에서 살고 있었고 또 봄과 동시에 세상의 것을 사진 찍어서 자기의 마음은 그 사진 찍은 마음속에 살았던 것이라.

진리인 우주허공에서 보면 이 세상에 있는 하늘의 별, 달, 지구는 사람의 마음이 있다고 생각하는 것이지 실제는 난 바도 없고 그냥 허공 자체인 있으나 없으나 없음이라. 이 세상에 있는 천지 만상만물은 모두가 세상에 개체가 진리로 나 있지 않아서 있으나 없으나 없는 것이라. 이 세상에 있는 수많은 만상과 만물은 일체가 없는 것이라. 그래서 구원이 필요한 것이라.

진리인 세상에 나게 하여 그 나라에서 죽지 않고 영원히 살게 하는 것이 구원이고 휴거이고 부활이고 인친 것이고 창조이고 영생천국 극락 낙원에 사는 것이라.

죄인 자기를 다 버린 자만이 진리의 나라 주인이 다시 창조하여 주시는 것이라. 진리인 세상에 다시 나는 것이, 그것이 인간 완성을 이루는 것이고, 사람 속에 새 세상이 다시 창조가 되는 것이라. 이것을 하는 곳이 있으면 그곳이 진짜일 것이라.

각 종교에서는 재림예수, 미륵, 정도령, 대두목을 기다리고 있으나, 사람들은 그 존재가 와도 볼 수가 없고 알지를 못할 것이다. 그 존재는 그 이름에 있지도 않고 그 이름이 무엇이든 이루는 자가 그 존재일 것이라. 그 존재를 찾으려면 자기의 마음속 진리의 세상에 나서 봐야 구세주를 알 수가 있고, 진리이고 구세주이신 세상 주인을 보고 알 수가 있는 것이라. 사람들은 자기가 믿는 종교에서 그 존재가 온다고 믿고 있지만 사람이 사는 세상에는 그 존재가 없는 것이라. 진리 세상에 있는 그 존재를 아무도 알 수가 없으니 세상에 가서 사는 곳이 있으면 그곳이 진짜일 것이라. 그곳은 사람의 진리인 마음속에 있고 그곳은 천국 극락 낙원이라. 다 이루어지는 세상이 되는 것이고, 사람의 마음속의 참세상에서 이루어지니 진리라 죽음이 없이 완성되는 것이라.

가장 사람이 바라는 것은 행복하게 영원히 사는 것이라

사람이 세상에서 가장 희망하는 것은 영원히 죽지 않고 행복하게 사는 것이라. 인류가 오랜 세월 동안 이 문제가 해결되지 않아서 많은 이가 진리를 찾고 수도를 하고 도를 닦았으나 이 문제를 해결할 자가 없었던 것이라. 종교의 궁극적인 목적도 마찬가지인 것이라. 기독교에서는 재림 예수가 와서 사람의 죄를 사하게 하여서 천국에 데리고 간다고 했고 불교에서는 미륵 부처님이 와서 중생을 구원하신다고 하였다. 그리고 정도령이 와서 세상을 구원한다고 하였다.

우루무치 천산천지

우루무치 천산천지

천국 극락 낙원이 자기의 마음속 있으려면
살아서 가서 있어야 한다. 살아서 가 있지 않으면
죽어서는 없어서 가지 못하고 죽는다

사람은 이 세상 사는 것도 자기가 가진 마음 따라 먹고살
고 그 마음 따라 성공하기도, 성공하지 못하기도 한다. 이
세상이 자기의 마음속에 있는 자는 영원히 살고, 헛세상
가진 자는 죽고 말 것이라. 자기의 마음속이 진리이고, 마
음속에 이 세상이 있으면 자기가 그 나라에 나 있어서, 이
땅 이곳에서 다시 난 자기는 진리라 죽지 않고 살 것이라.
사람 속에 참세상이 없어서 참세상이 있게 하는 것이 완성
인 것이라. 완성의 시대이고 다 이루는 시대라.

세상 가서 사는 방법

이 세상은 139억 년 전에는 우주의 허공에 정과 신인 영과 혼만이 있었다. 영혼인 입장에서 보면 하늘에 수많은 별이 나와 있어도 그냥 영과 혼인 본바닥이라. 지구가 있어도 본바닥이고 사람과 만상이 있어도 본바닥이라.

이 본바닥과 사람이 하나가 되려면 사람의 업 습 몸 일체가 사라지는 태양 속에서 사라져서 일체의 나가 없고 하늘에 있는 천체마저 무한대 우주 철판으로 다 없애면 139억 년 전으로 되돌아가서 거기서 세상 주인이 자기 마음속에 있는 무한대 우주허공의 영과 혼인 세상에 이 세상을 그 진리나라에서 다시 나라고 하면 그 나라가 진리의 나라이고, 사람이 살 곳은 이 나라밖에 없는 것이라.

이 나라가 천극락이라. 이 나라에 다시 나면 진리만 있고, 옛 자기가 다 사라지고 없어져서 해탈이고, 그 마음 자체가 일체 없어 인간의 관념 관습에서 벗어나서 해탈, 자유라. 있되 있다는 마음 없이 그냥 있구나. 살아서 진리나라에 가서 삶 죽음이 없구나.

이 세상에서 이치를 잘못 알고 있는 것은
죽고도 있다고 하는 것이다

죽음이란 무엇인가. 죽음이란 몸과 마음인 생각이 없어지는 것이라. 사람이 죽어 있다고 생각하여 보자. 그 사람은 찔러도 아프다고도 못하고 장기를 가지고 가도 아프다고도 못하고 생각도 못할 것이 아닌가. 그 몸을 태워 버리면 아무것도 없지 않은가. 사람이 죽으면 아무것도 없는 것이라. 흔히들 죽었다가 다시 살아난 사람들이 사후에 세상이 있다고 하는 경우가 많으나, 그 사람은 죽지 않고 있다가 의식이 있어 살아난 것이라.

살아서 참세상에 복 지은 자만이 영원히
자기 것이다

성경에도 보면 어리석은 자는 땅에다 재물을 쌓고, 지혜로운 자는 천국에 복을 쌓는다는 말이 있다. 우리는 참세상 갔으면 그 참세상에 복 지은 것은 그 복이 영원히 그대로 있으나, 인간이 사는 세상에 있는 것은 실이 아니라 없는 것이기에 남음이 없다. 이것보다 더 어리석은 자가 없는 것이라. 참인 참세상에 복 지어야 그 복이 그냥 있는 것이라.

각 종교의 궁극적인 목적은

종교가 있는 것은 기독교는 천국에 가서 살기 위해서이고 불교에서는 극락에 가서 살기 위해서이고 이슬람교는 낙원에 가서 살기 위해서일 것이라. 기독교에서는 주여, 주여 하는 자가 다 천국 가는 것이 아니고 진실로 진실로 믿는 자만이 간다고 했다. 이 말씀은 진리이고 세상 주인이신 주인이 사람의 마음속에 있어야 그것이 주를 믿는 것이라는 말씀이다. 입으로만 주여, 주여 할 것이 아니고 자기 마음속에 있도록 죄의 마음을 버리면 진리이신 주가 마음속에 있어서 그것이 믿는 것이다. 그리고 그 주가 세상에 사람으로 와서 마음속 진리나라에 다시 창조하여 세상과 나를 주님의 나라에 구원하여 주시는 것이 각 종교에서 기다리고 있는 재림예수, 미륵과 알라인 것이다.

정신이 개벽이 되어서 세상이 완성된다
사람이 완성된다

진리인 우주의 영과 혼이 사람 속에 있고, 그 영과 혼인 정과 신으로 다시 나서 세상과 사람이 다 구원이 되는 시대라. 진리로 다시 나서 없음의 시대에서 있음의 시대가 되는 것이라. 다시 말하면 정신개벽인 새 세상이 다시 창조되어서 이 땅 이곳이 천국 극락 낙원이 되고 영원히 죽지 않고 행복하게 사는 시대인 것이라. 이 세상에는 허상인 인간마음의 세상에서 보면 우주에 만상이 있다고 생각하지만 진리인 세상 마음에서 보면 일체가 본바닥인 없음이라 있어도 없어도 없는 것이라. 그러나 근원의 세상 주인이 사람으로 와서 이 세상의 일체가 참세상에서 다시 나니 사람이 있어서 진리로 나서 있음의 시대가 되는 것이 정신개벽의 시대인 것이라.

진리 세상인 천국 극락 낙원에 나서 사는 마음

사람이 헛세상 살다가 헛세상과 자기를 버리고 다시 나면 진짜 세상 나서 살 수가 있는 것이라. 우주 자체가 자기의 마음이 되어서 사람 마음속에 있는 세상을 세상 주인이 다시 낳아주시면 이 땅 이곳이 진리나라에 다시 나서 진리라 죽음이 없이 살 수가 있는 것이라. 진리로 다시 난 마음은 일체가 없고 끊어진 마음이고 인간의 관념 관습 일체에서 벗어난 마음이라. 옛 자기가 없어 해탈이고 자유고, 이것이 진리의 마음이라. 진정한 해탈이고 자유라. 그 세상은 항시 쉬고 있는 세상이라. 있지만 있다는 마음조차 없이 그냥 있구나. 그냥 살구나.

사람이 미완성이고 없는 것은

세상의 것을 눈, 코, 귀, 입, 몸에 의하여 사진을 찍는 사진기와 같은 장치가 사람이다. 자기의 마음의 세상 속에 산 삶과 습과 몸이 자기 속에 있어 실세상에 나 있지 않아서 미완성인 것이라. 세상과 겹쳐진 자기의 마음의 세상 속 살아서 진리인 세상에서 보면 그것은 없는 것이다. 그리고 미완성인 것이다. 사람은 가짜인 자기가 만든 마음의 세상에서 살다가 죽고 마는 것이다. 그러나 그 가짜이고 사진 찍은 산 삶의 일체와 습과 몸이 없으면 참세상에 가서 거기서 세상 주인의 말씀에 다시 나면 완성이 될 수가 있다. 세상의 주인만이 길이고 진리고 생명이시라. 세상 주인이 사람으로 와서 구원하시는 때라. 그 철에 들어야 구원이 될 수가 있다. 사람이 미완성이고 없는 것을 참세상에 데리고 가서 있게 하는 것이 세상 주인인 사람이 하는 것이라.

각 종교의 경은 세상 나서 사는 것을 예언한 예언서다

기독교에서는 재림예수가 세상 와서 구원한다고 예언하였고, 불교는 미륵이 와서 중생을 구제한다고 하였고, 또 각 종교에서는 미륵과 정도령이 와서 세상을 구원한다고 하였다. 성경, 불경과 모든 경에서는 그 존재가 와서 세상에 나 있지 않은 세상을 세상에 다시 그 말씀으로 낳아주시는 것을 말하고 있는 것이라. 세상과 하나가 아닌 자기의 죄와 업을 버리면 진리 세상에 가서 이 세상과 이 땅을 다시 창조하시는 것이라. 자기의 마음속에 새 세상을 세상의 주인이 다시 나게 하여 주시는 것이라. 각 종교에서 이것이 이루어지는 시대를 예언한 예언서가 경인 것이라. 이것이 이루어지면 그 경이 다 이루어진 것이라.

사람 속에 하나님 부처님 알라가 있고
천국 극락 낙원이 있다고 하는데
사람이 없는 이유와 이곳을 못 가는 이유

사람 속에 하나님 부처님 알라가 있고 천극락이 있다고 하나 자기 마음속에 없는 이유는 사람의 마음은 자기가 산 삶에 의하여 기억된 생각이 자기의 산 삶이라, 자기가 기억하면 어릴 때부터 자기의 마음속에서 기억된 생각이 있지 않은가. 그리고 습이 있고, 몸이 자기의 마음속 있어서 참마음인 하나님 부처님 알라가 가려져서 없는 것이라. 이 존재를 보고 알려면 업 습 몸을 버리면 무한대 우주의 허공만이 남아서 그 허공의 영과 혼이 성령과 성혼이시라. 성모와 성부이시라. 보신 법신이시라. 알라 부처님 하나님은 자기가 다 죽어야 볼 수가 있는 것이라. 이 세상에 아니 계시는 곳이 없는 비물질적인 실체이시라. 진리 그 자체이시라. 이 세상의 근원 자리가 하나님 부처님 알라이시라.

천국 극락 낙원은 사람이 자기의 업 습 몸이 다 죽고 자기의 마음이 우주의 영과 혼이신 정신만 남아 있으면 그 세상이 참세상이라. 진리인 그 나라에 세상의 주인이 다시 나게 하신다. 수명이 있는 헛세상의 만상과 만물을 그 말씀으로 진리의 나라에 다시 나라고 하면 다시 나서 살 수가 있는 것이라. 그 나라가 이 세상이고, 이 세상에 나 있는 천지만물과 만상은 진리라 죽음이 없는 나라가 나의 마음속에 있는 것이라.

나의 마음이 무한대 우주의 허공이고, 그 나라에 다시 나 있는 이 세상이 천국 극락 낙원이라. 옛 나가 다 죽은 자만이 하나님 부처님 알라를 볼 수가 있고 그 나라에 다시 창조된 나라가 천국 극락 낙원인 것이라. 망상인 생각에 천국 극락 낙원이 있는 것이 아닌 자기의 마음의 세상에 이 땅 이곳과 이 세상이 있는 나라가 천극락인 것이라. 살아서 이 나라 가지 못한 자는 자기 속에 참세상인 진리의 세상이 없어서 가지를 못하는 것이라. 그 마음에 하나님 부처님 알라의 나라인 천극락이 있는 자만이 삶, 죽음이 없이 살 수가 있다.

세상이 완성되는 시대라

지금은 세상의 주인이 사람으로 와서 사람의 마음속에서 사람과 세상을 다시 나게 하여서 우주 자체가 완성되는 시대이고, 이 세상이 완성되고 만상이 완성되는 시대이다. 또 사람이 완성되는 시대이다. 이때까지는 참세상에 나서 참세상 사는 것이라고는 아무것도 없었다. 이 세상의 천지만물만상이 세상에서 나서 세상 사는 줄 아나 세상에 나서 사는 것이 아닌 세상과 겹쳐진 마음의 세상 속 살기에 사람은 세상에 사는 것이 아닌 자기의 마음속 살고 있어서 미완성인 것이라.

종교의 궁극적인 목적과 세상과 종교가 하나가 되는 것은

종교의 궁극적인 목적은 영원히 죽지 않고 사는 나라에 가서 행복하게 사는 것이다. 그러나 이 나라에 가서 사는 방법이 없어서 종교에서는 이루지 못하는 것이다. 그래서 자기 종교를 믿다가 죽으면 천국 극락 낙원에 간다고 이야기한다. 각 종교에서는 하나님 부처님 알라가 자기의 마음의 세상에 있다고 했고, 천국 극락 낙원도 자기의 마음속 있다고 했으나 사람은 세상인 진리가 자기 마음속 있지 않고 세상과 겹쳐진 자기의 마음의 세상 속 살아서 그 자체가 자기의 마음이라. 진리이신 하나님 부처님 알라가 그것에 가려서 보지도 못하고 알지도 못하는 것이라.

그 자기의 마음의 세상과 자기가 없으면 진리인 이 우주허공의 영과 혼을 볼 수가 있는 것이라. 이 나라에 진리인 영혼으로 세상 주인이 이 세상을 내 안에 있는 진리의 세상에 다시 나게 하면 그곳이 천국 극락 낙원이고 그곳이 진리나라라.

이 세상 사는 사람들은 기독교, 불교, 이슬람교가 그 이름이 달라서 다른 줄 아나 진리의 존재가 그 존재인 것이라. 그 마음이 진리인 이 존재가 되고, 이 나라에서 이 세상을 진리로 다시 나게 한 세상이 사람 속에 있으면 이 세상은 진리인 마음에 진리 세상에서 다시 나서 둘이 되려고 해도 될 수가 없어 종교도 하나가 되고 세상이 하나가 되고 모두가 자유고 해탈이고 행복하게 하나로 살 것이다. 이제는 이 방법이 있어서 세상이 하나가 되고 세계 각 곳에서 이루어지고 있다.

있는 세상에 났을 때만 살 수가 있다

사람이 세상 사는 줄 알고 살고 있으나, 사람은 세상 사는 것이 아니고 자기의 마음의 세상 속 살고 있어서 사람이 미완성이고, 구세주가 와서 구원해 주어야 하는 것이라. 이 세상에 우주가 있기 이전의 자리인 139억 년 전에는 별들이 없어서 무한대 우주의 허공만 남아 있었어라. 그것이 진리인 성령 성혼이 있고 보신 법신이 있는 것이라. 허공은 일체가 아무것도 없지만 비물질적인 실체라. 여기에서 별과 태양, 지구가 나온 것이라. 그리고 지구에 있는 동식물 일체도 환경과 조건에 나와 있는 것이라.

　진리인 무한대 우주의 허공에서 보면 있다, 없다는 마음이 없고, 이 세상과 있는 것 일체의 만상이 세상에 나 있지 않아서 없는 것이라. 사람의 마음속에 있는 이 세상과 사람이 태어나기 이전의 자리로 되돌아가서 무한대 우주의 허공의 정과 신인 영과 혼이 마음이 되어서 세상의 주인이 이 나라에 세상을 다시 창조하여 진리의 나라에 나게 하시니, 없어지는 세상을 진리의 나라에 다시 나게 하여 진리

의 세상이라. 그 나라가 천국 극락 낙원이라. 그 나라만이
있는 세상이고, 그 나라만이 살 수가 있는 세상이라.

사람이 세상에 나서 사는 줄 아나 사람은 세상에 나 있
지 않고 자기의 마음속 살고 있어 세상에 나 있지 않아 세
상에 없는 것이라. 개체가 진리나라인 자기의 마음의 세상
에 세상과 사람이 다시 나야 살 수가 있다. 그 나라만이 사
는 나라라.

말씀으로 다시 나지 않고는 살 자가 없다는 뜻은

사람이 이 세상 사는 곳은 세상과 겹쳐진 자기의 마음의 세상 속 살아서 사람은 미완성인 것이고 이 세상과 사람은 구원을 받지 않으면 살 수가 없는 것이라. 자기 마음속 살다가 죽으면 사람이 죽음과 동시에 다 죽고 없어지는 것이라. 사람이 죽었다고 가정하여 보면 이 사람은 살 때의 일체의 것으로부터 다 없어졌을 것이다. 생각도 못하고 아무것도 없지 않은가. 그 남은 물체를 없애 버리면 아무것도 없지 않은가. 사람이 죽으면 아무것도 없다. 말씀으로 다시 나려면 자기가 다 없어져서 자기의 마음이 우주허공의 영과 혼이 되어서 거기서 다시 나면 살 수가 있는데 이때 다시 나려면 세상 주인의 말씀에 다시 나지 않고는 살 자가 없다. 세상 주인의 말씀은 이성인 근본 성품이시라.

다시 말하면 그 말씀이 진리이신 생명 자체이시라. 이 세상이 다시 나라고 하면 진리인 생명으로 진리나라인 본바닥에 다시 날 수가 있는 것이라. 세상에 살지 않는 사람에게서 세상과 사람을 없애면 본바닥만 남고, 그 진리이고 본바닥인 세상에 이 세상이 다시 나야만 살 수가 있는 것이라. 그 말씀으로 다시 나지 않고는 살 자가 없다.

파미르 타지기스탄
슐라이만산. 2009 유네스코 세계문화유산. 키르기스스탄에 위치

마음으로 믿어서 의에 이르고 입으로 시인하여
구원에 이른다

마음으로 믿는다는 것은 마음이 참에 갈 때 그 마음이 닦
인 것만큼 수용하여질 때 알아지는 것이 깨침이다. 그것이
마음으로 믿어서 의에 이르고 '아, 이것이구나' 입으로 시
인하여서 구원에 가는 것이다. 자기의 마음이 진리의 마음
이 된 만큼 깨쳐져서 자기의 입이 '이것이구나'를 수없이
시인하게 된다. 수없이 깨쳐진다.

이 세상과 사람이 영원히 살고 구원이 되려면

이 세상과 사람이 영원히 살려면 이 세상을 바짝 들여다가 진리나라에 갖다가 놓으면 될 것이나, 그곳에 갖다 놓을 수도 없다. 갖다 놓아도 개체가 진리로 나 있지 않아서 진리로 살 수 없을 것이라. 물질은 없어지는 것이 자연의 이치라. 진리의 나라는 이 세상이 생기기 이전의 자리인 무한대 우주의 허공의 영과 혼이 진리인 것이라.

없어지는 이 세상과 나를 다 없애면 이 세상이 생기기 이전의 자리인 139억 년 전의 우주의 허공의 영과 혼의 자리로 되돌아가서 그 자체가 나의 마음이 되어서 그 나라에서 다시 나면 그 나라가 세상인 진리나라이고, 이 나라에 나 있는 것은 진리라 영원히 죽음이 없는 것이라. 내 마음속 진리의 나라인 세상에서 진리나라의 주인이 다시 나게 하여 주어야 그 나라에 개체가 나 있어서 진리라. 이 땅 이곳이 진리가 되는 방법은 이곳밖에 없고, 이곳만이 사는 곳이라. 이곳이 천국 극락 낙원이고 진리의 나라라. 이 나라 나지 않고는 살 자가 없다.

세상 나서 살자

구세주가 오시면 내 안에 있는 진리의 나라에 데리고 가서 말씀으로 다시 나게 하여 주신다.

그 나라가 영생할 수 있는 나라이고, 사는 것은 참세상인 이 나라밖에 없다. 사람은 세상과 더불어 세상 나서 살지 않아서 세상에 없고 자기 마음속 있어서 미완성이고 죽어 있는 것이라. 자기 마음속 살고 있는 그 마음속과 자기를 다 버리면 진리의 나라가 자기 마음속에 있고 그 나라에 이 세상이 다시 나면 죽음이 없고 구원이 되는 것이고, 세상과 사람이 영원히 살 수가 있다.

예수를 믿지 않고는 천국 날 자가 없다는 말뜻은

예수님이란 진리 존재인 세상 주인이시라. 그 존재가 사람으로 와야 사람과 세상을 구원하실 수가 있다. 다시 말하면 구세주인 것이라. 이 존재가 길이고 진리고 생명이시라. 이 존재를 통하지 않고는 살 자가 없는 것이라. 이 존재를 믿지 않고는 천국에 나지 못한다.

누군가가 진리나라에 데리고 가고 그 나라에 나게 하는 자가 그 존재일 것이라. 그 나라에 데리고 가는 존재는 이름에 있지 않고 데리고 가는 자가 주인일 것이라. 그리고 바다에 가야 고래를 잡을 수가 있고 산에 가야 범을 잡을 수가 있듯이 진리나라에 가야 하나님 부처님 알라도 알 수가 있는 것이라. 그래서 그 나라에 데리고 가는 사람이 있다면 그 사람 말을 믿고 하는 자만이 천국 갈 수가 있을 것이라. 이것이 예수를 믿는 것이라.

나는 길이요 진리요 생명이다의 말뜻은

길이고 진리이고 생명이다의 말뜻은 사람은 참세상에 나서 살고 있지 않아서 사람은 미완성인 것이고, 세상도 참세상 나 있지 않아서 구원이 필요한 것이라. 그러나 이것은 길이시고 진리이시고 생명이신 세상 주인을 통하지 않고는 참세상에 갈 자가 아무도 없는 것이라. 진리나라에 데리고 가는 것이 길이고, 그 존재가 진리의 본바닥의 존재인 것이라. 그 나라에 가서 생명인 진리로 다시 나게 하시는 것이 생명인 것이라. 참세상에서 다시 나게 하심이다.

하나님만이 우리를 구원하실 수가 있다는 말뜻

하나님은 이 세상의 주인이신 우주의 주인이시고, 성령과 혼이 진리이시고, 천지 만물만상의 근원이시라. 이 존재는 아니 계시는 곳이 없고, 이 세상에 나 있는 천지 만상만물 일체가 이 존재의 표상이라. 그러나 이 존재가 창조한 세상의 물질 일체는 우주의 진리인 영과 혼에서 보면 없는 영과 혼이라. 이 영과 혼의 존재가 사람으로 오면 이 세상의 물질 일체를 진리나라에 구원할 수가 있는 것이라. 이 존재만이 진리나라에 데리고 가서 그 나라에서 있음으로 살릴 수가 있는 것이라. 세상에 다시 낳아주신다.

그 말씀이 생명 자체라 진리인 영과 혼으로 다시 나서 살리시니 생명의 주인이시라. 말씀에 생명 가진 자가 하나님이시라. 하나님만이 우리를 구원하실 수가 있는 것이라. 그 하나님이 진리인 세상에 데리고 가서 그 나라에 나게 하여 주시니 그런 곳이 있으면 바로 그곳이 참인 곳이라. 자기가 환상하는 그런 존재는 영원히 기다려도 오지 않는 것이라. 그 존재는 자기의 마음속에 있어서 와도 가도 알지 못하는 것은 사람이 헛세상 살고 있어서 그러한 것이라. 사람이 사는 세상에는 진리이신 하나님 부처님 알라가 없다.

에베레스트 히말라야. 8848m

사라지는 이 세상이 내 안에서 진리로 다시
나서 세상과 나가 죽지 않고 살구나

세상의 주인이 사람으로 오셔서 이 세상을 영원히 죽지 않게 살려주실 수가 있는 것이라. 이 세상은 없어지는 미완성의 헛세상이라. 구름이 있다가 사라지듯이 있는 이 세상의 천지 만물만상은 있다가 사라지고 마는 것이라. 그것의 나이만큼 살다가 사라지는 것이 이 세상이라.

이 세상이 없어지지 않게 하는 방법은 나와 이 세상을 다 없애면 빈 하늘만 남지 않는가. 그 빈 하늘의 성 영혼이 자기의 마음이 되어서 그 나라의 주인이 이 세상을 말씀으로 다시 나게 하여 그 나라에 살게 하는 것이 이 세상 완성이고 우주의 완성이라. 사람과 천지만상의 완성이라. 죽지 않고 영원히 살 수가 있는 것이라.

미완성의 이 세상이 사람의 마음속에서 다시 나서 진리가 되어 영원히 살 수가 있는 이 세상이 진리이고 천극락이고, 이 세상이 완성된 세상이라. 이 세상은 미완성인 물질 창조의 시대에서 완성인 정신 창조의 시대가 된 것이라. 이 세상 저세상이 둘이 아니고 이 땅 이곳에서 이 몸으로 영원히 살 수가 있는 것이라. 사라지고 없어지는 이 세상을 내 안의 진리의 나라에 나게 하여 영원히 살린다. 세상의 주인만이 살려주실 수가 있다. 길이고 진리이고 생명이시라. 진리나라에 데리고 가서 그 나라에서 새 생명을 주시는 것이라. 이 세상의 천지 만물만상과 나를 나의 마음속에서 다시 나게 하여 살리는 것이 기적인 것이라. 이곳만이 사는 곳이라.

헛마음 참마음

세상은 나를 위하여 있는 것이 아닌 나를 테스트하기 위하여 있는 것이라. 마음이 큰 자는 그 시험에 걸림이 없이 넘어가는 것이라. 참인 자는 참행하여서 테스트가 없는 것이라. 그냥 살구나.

2

진리의 나라에서는
모든 것을
다 이룰 수 있다.

진리의 마음이 되면 당신이 원하는 모든 것을
다 이룰 수 있습니다.

컴퓨터에 있는 A.I.와 같이 사람에게도 신인 진리의 참 지혜가 있어야 잘살 수 있다

컴퓨터에 인공지능인 A.I.를 가지게 하듯이 사람에게도 A.I.와 같은 신이고 진리인 참 지혜를 가지게 하여서 가진 자는 잘사는 시대다. 신이고 진리인 그 마음을 가지면 고통 짐이 없고 스트레스가 없고 궁금한 것과 의문 의심이 없고 세상 이치를 다 알아서 자기 마음속 신인 진리의 마음을 가지면 지혜가 있어서 잘살 수 있는 것이라. 마음속에 진리의 세상이 있고 그 나라에 나면 신인 진리의 참 지혜가 있어서 잘살 수가 있다.

성공하려면

사람에게 수많은 생각이 있고 잡념이 많은 것은 사람이 미완성인 세상의 것을 사진 찍어 가진 헛마음을 가지고 있어서이다. 자기가 습을 가지고 태어나서 거기에 산 삶이 더해지니 그것이 번뇌이다. 이것을 버리면 번뇌가 없어지고 하는 일만 열심히 할 수가 있기에 성공할 수 있다. 자기 속의 번뇌의 원인인 산 삶을 버리는 것이 번뇌를 없애는 방법이고, 집중력을 높이고 현재에 살 수 있게 하는 것이다. 이것이 성공할 수 있는 방법이다.

사람이 성공하려면 능력이 있어야 한다. 능력이 있으려면 하는 일만 열심히 할 수 있는 그 마음이 되어 있어야 한다. 열심히 할 수 있는 마음은 번뇌가 없고 참마음이 되어 있어야 그렇게 할 수 있다.

사람의 마음은 사진이고 거짓인 자기가 경험한 마음과 습과 몸이 있어서 그것 때문에 하는 일에 전념하지 못하는 것이다. 여기에 번뇌가 있다. 이것을 버리고 진리의 마음을 가지면 번뇌가 없고, 하는 일만 했을 때 지혜가 있어 능력이 있고 잘살 수 있는 것이다.

많은 이가 자기가 가진 헛마음인 업 습 몸을 버리면 성공할 수가 있고, 자기가 완전히 달라진다. 능력이 있는 자는 일을 잘하는 자를 말한다. 그 일만 할 수 있는 조건이 되는 자가 능력이 있는 자이다. 번뇌가 없고 오직 그 일만 하는 자가 능력이 있고 참마음에서 지혜가 나오는 것이다.

그리고 사람은 인간관계가 좋아야 성공할 수가 있다. 그래서 겸손한 자가 부딪힘이 없고 자기가 하는 일만 할 수 있어서 성공할 수 있는 것이다. 겸손한 자는 참마음이라 일체를 수용하는 긍정적인 마음이 있다. 상대의 비위를 잘 맞추고 상대를 욕하거나 미워하지 말고 상대가 싫어하는 언행을 하지 말고 칭찬하고 상대를 참으로 잘될 수 있게 할 수 있는 자가 겸손하여 잘살 수 있는 것이다. 이것은 걸림이 없어서이다.

잡념에서 벗어나서 현재에 사는 방법

사람에게 수많은 생각이 있고 잡념이 많은 것은, 사람이 미완성인 세상의 것을 사진 찍어 가진 헛마음을 가지고 있어서라. 자기가 습을 가지고 태어나서 거기에 산 삶이 더해지니 그것이 번뇌인 것이라. 그것을 버리면 번뇌가 없어지고 하는 일만 열심히 할 수 있어 성공할 수가 있다. 자기속 번뇌의 원인인 산 삶을 버리는 것이 번뇌를 없애는 방법이고 집중력을 높이고 현재에 살 수 있게 하는 것이다. 이것이 성공할 수 있는 방법이다.

참 행복이란

참 행복이란 무엇인가? 사람이 가장 행복한 것은 남에게 인정받아 자기가 진급한다든지 매니저가 된다든지 할 때라고 한다. 그러나 그것은 삶의 하나의 성취라. 그것에 만족하는 것이 최고의 행복이라고 말하고 있으나, 그것은 하나의 삶의 과정에서 있는 일이라. 자기의 희망하는 것이 이루어지는 것도 자기의 마음의 희열에 행복이라고 사람은 생각하고 사나, 그것은 순간의 즐거움이지 진정한 행복은 아닌 것이라. 진정한 행복은 진리의 마음 가지고 사는 자가 참 행복한 자라. 그 마음은 일체가 없는 마음이고, 그 마음은 가짐도 행복도 벗어난 자유고 해탈인 마음이라. 근심 걱정 스트레스가 없고, 고통 짐이 없고, 벗어나서 진정한 행복 그 자체라. 그 마음속에 있음이 아니고 그 마음이 있되 벗어나 항시 행복한 마음이라. 항시 자유고 해탈이라. 행복 너머에 가짐이 없고 행복을 넘어선 행복이라.

생명이란

생명이란 살아 있는 것이라. 이 세상에 있는 것은 개체가
살아 있는 것이라고는 아무것도 없다. 사람의 마음에서 살
아 있다고 생각하고 있으나 사람은 마음의 세상 속 살고
있어서 생명이 없는 허상인 것이라. 이 세상이 있으려면
근원인 본바닥에서 개체가 다시 나 있어야 생명이 있는 것
이라. 생명이란 세상 주인의 말씀이 생명이라. 사람 마음속
에 진리의 나라인 이 세상을 다시 창조하여 주시면 일체가
진리인 생명으로 다시 나 생명이라.

사람이 명상을 하는 이유와 목적은

사람이 명상을 하는 이유와 목적은 진리의 나라에 가서 진리로 나기 위함인데 그것이 실현이 안 되고 있는 것이라. 그 명상은 요가도 있고, '이 뭐꼬'의 명상도 있고, 숨쉬는 수련도 있고, 촛불 수련도 있고, 자기 몸을 고행하는 수련도 있고, 여러 종류의 수련이 있으나, 진리에 도달하고 깨치게 되는 것이 누구에게나 이루어지지 않는 것 같구나. 진리에 가려면 죄업이고 허고 가짜인 자기의 몸 마음을 버리면 진짜가 될 수 있고 진리에 도달할 수가 있고, 진리에 도달하게 하는 존재가 진리의 나라에 다시 나게 하실 수가 있는 것이라. 길을 갈 때 말과 마차가 있으면 그 말을 때려야 길 갈 수 있고, 마차를 때리면 길 갈 수 없듯이 버리면 깨쳐지고 목적지인 진리의 나라에 도달할 수 있는 것이라. 사람은 이 세상과 겹쳐진 자기의 마음의 세상 속에 살아서 진리인 세상에는 한번도 살아보지 못한 것이라.

세상이 하나가 되려면

이 세상 사람의 마음은 사람의 수효만큼 많다. 세계는 나라가 다르고 종교도 다르고 그들이 가지는 사상이 다르고 사람들의 관념과 관습이 달라서 세상은 서로가 자기의 것이 맞는다고 생각하고 사는 것이라. 세상은 미완성인 헛세상 가진 사람의 마음에서는 하나가 되지를 못하는 것이라. 자기의 산 삶인 기억된 생각을 버리고 습과 몸을 없애고 진리로 가서 진리의 나라에 다시 나면 세계가 하나가 될 수가 있다. 자기의 마음속에 진리가 없어서 사람은 모두가 헛것만 가지고 있기에 하나가 되지 못하였으나, 지금은 마음속에 진리인 참세상에 가서 다시 나 있어서 하나가 될 수 있다.

이제는 다 이루었다, 다 이루는 시대이다

이 세상에 있는 천지 만물만상은 모두가 진리나라인 세상에 나 있지 않아서 죽고 만다. 세상에 나 있지 않은 만상은 있으나 없으나 모두가 본바닥인 근원이라. 이 나라에 나서 산다는 것은 없어지는 세상을 다 없애면 없어지지 않는 우주의 허공이 자기 속에 있고 그 나라에 이 세상을 세상의 주인이 다시 나게 하시면 그 나라가 진리의 나라이고 우주의 완성, 세상의 완성이라. 만상만물과 사람의 완성이라. 이 나라에 나 있는 이 땅 이곳과 사람은 죽지 않고 영원히 사는 것이라. 이 땅 이곳에서 영원히 사는 나라는 참세상인 마음속 이곳밖에 없는 것이라. 이 우주인 세상과 이 세상의 만상만물이 다 구원이 되어서 다 이루었다.

자유란

인간이 사는 세상의 자유는 육체의 구애 구속이 없이 사는 것이 자유라고 생각하고 사나 진정한 자유는 자기의 마음에서 벗어나 사는 삶이 진정한 자유일 것이라. 자기에게서 벗어나 사는 삶이 해탈이고 진정한 자유인 것이라. 옛 나가 사라지고 진리로 나 있으면 구애 구속이 없고 대자유인 것이라. 나가 있되 나가 없으니 자유인 것이라. 해탈이 되어야 대자유가 있는 것이라.

5400m 보거다봉(천산)   천지

보거다봉 천산. 5400m. 천지

해탈이란 무엇인가

사람이 헛세상인 자기의 마음의 세상 속 살다가 보면 갇혀 살아서 자기중심적이고 자기밖에 모르는 협소한 마음에서 고통 짐이 많고 스트레스와 궁금한 것과 의문 의심, 모르는 것이 많고 아는 것이 하나도 없고 안다는 것도 참세상 가서 보면 아는 것이 하나도 없고 자기만의 생각이었음을 알 수가 있다.

해탈이란 헛세상 살고 있는 나 자체가 참세상 가서 다시 날 때 진리로 다시 나면 옛 나는 사라지고 진리인 나가 있을 때 해탈이 되는 것이라. 진리의 마음과 진리의 몸으로 다시 난 나는 나가 있으나 나라는 마음도 없고 그냥 존재하는 것이라. 영원히 있어도 옛 나로부터 몸 마음이 벗어나서 있기에 자유고 해탈이라.

진리의 마음은 일체가 끊어진 마음이라. 이 세상에 있는 일체의 사연으로부터도 물들지 않고 아무런 마음이 없는 것이라. 그 모든 것이 기억되지도 않고 마음이 없다. 그냥 있어서 그 마음이 완전한 마음이라. 인간의 관념 관습에서

벗어난 마음이라. 나도 마음도 없이 그냥 사는 경지가 해
탈의 경지인 것이라. 영원히 있어도 나가 없이 진리인 몸
마음만이 있어서 해탈이라.

파미르 타지키스탄

사람이 궁금한 것과 의문 의심이 있고
고통 짐이 있는 이유

사람이 궁금한 것과 의문 의심이 있고 고통 짐이 있는 이유는 사람이 미완성인 자기의 마음의 세상 속 살아서이다. 사람이 만든 마음의 세상은 허이고 가짜라.

앎이 아무것도 없는 것은 참에서 보면 아무것도 앎이 없고 다 가짜인 것이라. 그 마음은 자기의 마음이라 진리인 세상에서 보면 자기중심적인 헛마음인 것이라. 그 마음에서 앎이 없어 궁금한 것과 의문 의심이 있고, 망념에서 고통 짐이 있다. 특히 진리를 책으로 보거나 잘못 알고 있어서 자기의 주장만 하고 있는 자가 많다. 보고 듣고 책 본 것 가지고, 버리는 공부는 하기가 싫고 질문만 하는 이도 많다. 그 궁금함과 의문 의심이 있는 것은 무지에서 있는 것이라. 다시 말하면 헛세상에 살고 있어서 있는 것이라. 그것 버리고 참세상 가서 참세상에서 나면 일체의 궁금한 것과 의문 의심이 없어진다.

고통 짐도 그 헛마음에서 있는 것이라. 참이 되어서 아는 자는 궁금한 것과 의문 의심이 없다.

인존 인권의 시대

무한대 우주의 허공에는 성 영혼과 보신 법신이 있다. 그 자체가 정과 신이다. 이 존재가 사람으로 오면 사람의 마음세상에서 벗어나서 사람 속에 있는 참이고 진리인 사람의 마음세상이 무한대 우주가 되게 하여서 그 나라에 이 세상을 다시 창조하시니 그 나라가 천국 극락 낙원인 진리의 나라인 것이다. 그래서 이 세상의 주인이 사람인 것이다. 인간이 세상을 구원하는 권리가 있어서 인권 시대이고, 사람이 있고 세상이 있어 인간이 존중되는 인존 시대인 것이다. 사람이 없으면 이 세상이 아무런 가치가 없는 것이라. 이 세상은 사람이 있어서 있는 것이라.

다 안다는 것은

사람은 자기의 마음속에 가져서 다 알려고 하나, 그 가짐
에는 아는 것이 없고 그것이 앎을 방해할 뿐이라. 지혜가
있고 세상의 이치를 바르게 다 알려면 진리 세상에 나서
진리의 마음을 가지고 있을 때, 아는 것이 일체 없지만 다
아는 것이다. 궁금한 것과 의문 의심이 없고 고통 짐이 없
고 그냥 사는 경지는 참이 되어서 참을 다 알기에 다 아는
것이다.

겸손과 덕으로 사는 시대

성경에 보면 겸손하고 여호와를 경외함은 부귀와 영광과 하나님 나라가 자기 것이라는 말이 있다. 부귀와 영광은 겸손하고 덕이 있는 자가 있는 것이라. 덕이 있는 자는 걸림과 막힘이 없는 자라. 겸손하고 덕이 있으면 부딪힘이 없기에 하는 일만 열심히 할 수가 있어서 성공할 수가 있는 것이라. 사랑, 자비, 인의 시대가 겸손과 덕으로 사는 시대라.

이 세상에 태어나서 사는 이유와 목적은
살기 위하여 사는 것이라

이 세상에서 고통 짐 지고 궁금한 것과 의문 의심이 있는 것은 참마음이 아니고 참세상에 나 있지 않아서라. 수많은 사람이 수많은 마음 가지고 살고 있어서 모두가 허상인 것이라. 없는 세상인 자기가 만든 없는 세상에서 살고 있어 헛것인 없는 것이라. 없음이 있음으로, 살아서 진리의 나라에 다시 나 사는 것이 이 세상에 태어나서 해야 하는 것이라. 무엇을 찾아서 무엇을 위하여, 사는 이유와 목적도 모르고 살고 있다가 사람이 영원히 산다면 이것만이 사람이 해야 하는 이유와 목적이 아니겠는가. 사람이 누구나가 살다가 죽고 마나, 진리로 나 있는 나가 영원히 산다는 것은 꿈같은 이야기가 아닌가. 살아서 지금은 진리로 태어나서 영원히 사는 것이 이루어지는 때이다. 이루어지고 있다.

지혜란

지혜란 진리의 마음을 가지고 진리로 나 있을 때 지혜가 있는 것이라. 지혜란 세상의 이치를 아는 것이고, 그 마음 자체가 참마음이고, 일체의 궁금한 것이 지혜가 있어서 다 알아지는 것이라. 자기의 관념 관습에서 보다가, 벗어나서 세상의 지혜로 보니 알아지는 그것이 지혜인 것이다.

깨침이란

자기의 마음이 허상인 자기의 마음속에 있다가 진리로 그 마음이 간 만큼 깨어져서, 진리가 된 만큼 알아지는 것이 깨침이다. 그 마음이 깨끗이 닦아진 만큼 알아지는 것이 깨침인 것이다.

사람이 세상 나서 해야 할 일

사람이 세상 나서 해야 할 일은 영원히 사는 진리의 나라에 가서 사는 것이다. 그 진리의 나라가 어디에 있느냐 하면 자기의 마음속에 있는 것이라. 진리인 자기 마음속에 이 세상을 있게 하면 그 나라가 천국 극락이고, 그 나라가 진리의 나라라. 살아서 그 나라 간 자만 살 수가 있는 것이라. 사람은 미완성인 이 세상에 살면서 고통 짐 지고, 스트레스로 살고, 궁금한 것과 의문 의심에, 없는 세상에서 수고하고 사는 것이라. 그 헛세상을 진리의 나라에 나게 하여 진리로 다시 난 나와 세상은 죽지 않고 살 수가 있는 것이라. 그 나라에 나 있는 자가 영생천국 극락 낙원에 간 자이고, 그 나라만이 망상이 아닌 실세상이라. 그 나라만이 살 수가 있는 것이라.

이 세상을 진리의 나라에 있게 하는 것은 진리나라의 주인만이 하실 수가 있는 것이라. 그 진리의 나라에 데리고 가시니 길이시고, 그 진리의 나라가 진리라 진리이시고, 생명이신 것은 진리의 나라에 나게 하시니 생명이시라.

물질은 영원히 살지 못한다

성경에 이 땅 이곳에서 영원히 이 몸으로 산다고 하니까 기독교의 일부에서는 이 세상에서 이 몸으로 산다고 생각하고 있는 것이라. 이 세상 나 있는 별, 태양, 달, 지구, 지구에 나 있는 동식물 일체가 물질은 사라지고 없어지는 것이 세상의 이치인 것이라. 환경과 조건에 따라서 조금 더 살고 못 살고는 하나, 이 몸이 영원히 살려면 사고가 나도 죽지 않아야 하고 독을 먹어도 죽지 않아야 하고 칼로 베고 총을 쏘아도 죽지 않아야 하지 않겠는가.

세상은 자기 위해 있는 것이 아니고
자기를 테스트하기 위해 있는 것이다

이 세상이 내 안에 있구나. 이 세상이라는 것은 헛세상에 살면서 수많은 시험이 있고 그 시험을 넘어가지 못하는 사람은 모두가 거기서 머물고 미달하는 곳에서 살고 그 복마저 사라지고 없어지는 것이라. 그 테스트에 걸리지 않고 일체의 걸림이 없는 자가 자기의 마음이 진리이고 진리의 나라에 나 있는 사람이라. 이 세상에는 모든 이가 이 테스트를 받고 살지만 그 테스트에 걸리지 않고 넘어간 사람은 큰사람이라. 자기가 바라는 복이 있을 것이라.

참된 자는 그 테스트가 없는 것이라. 그 마음이 참이 되면 참행을 하고 진실하게 되어서 하는 일만 하니 막히고 걸림이 없는 것이라. 항시 정신 차린 참마음은 그냥 살구나. 테스트가 없구나. 시험도 없구나. 빠짐없이 할 일 다 하고 그 마음이 변하지 않구나. 내가 테스트를 받는 것은 미완성이라 받고 있구나. 참세상 나 있는 자는 테스트가 없구나.

시험을 넘어가는 방법

에너지 소모를 하지 말자. 사람이 어리석어서 자기 것만 맞는다고 생각하고 살고 있으나 맞는 것이라고는 없는 것이라. 자기중심의 마음 가지고 살고 있어서 무조건 자기가 이겨야 하니 항시 누구나 싸움꾼이라. 그 싸움은 없는 참마음 가져야 싸움하지 않고 이길 수가 있는 것이라.

상대를 수용하고 상대를 칭찬하고 이 세상 일체가 자기를 테스트하는 것 알고 무슨 일을 하든 지혜로 그 시험을 넘어가는 것이 지혜자이고 이기는 자라. 인생의 삶은 항시 테스트인 시험이나 그 시험이 없어지는 날이 다 이룬 날이라. 생에 이것저것의 막힘이 없으면 다 이룬 자라. 그 삶 자체가 자유이고 해탈이고 그냥 사는 삶 살며 그 마음이 없이 사는 것이 진짜의 삶 사는 것이라.

지는 것이 이기는 것이라. 자기가 상대를 수용하고 상대가 마음이 일어나지 않게 하여 내가 잘못이라고 하면 상대의 그 마음이 수그러질 것이라. 자기가 졌으나 자기는 큰 마음이라 상대에게 이긴 것이라. 자기의 에너지를 쓸데없는 데 쓰지 않아서 자기가 하는 일을 잘할 수 있고, 이 마음 가진 자는 가는 길에 걸림과 막힘이 없어서 잘살 수가 있을 것이라. 가는 길에 마음이 큰 자는 걸림과 막힘이 없어서 목적하는 것을 이룰 수 있다.

참세상

세상에 나 있지 않아서 없구나. 세상과 사람이 세상 나 있어야 있는 것이라. 개체가 세상 나서 있지 않으면 없는 것이라. 이 세상이 세상 나 있는 곳은 사람의 마음속 진리의 나라에 있는 것이라.

없음의 세상에서 있음의 세상으로

세상에 나 있지 않으면 없는 것이라. 개체가 생명으로 세상 나 있어야 있는 것이라. 진리의 세상에 만상이 창조주 말씀에 다시 나지 않고는 살 자가 없다. 물질이 없음이라 있음으로 나야 한다.

3

Any Questions?
Ask Me!

모든 궁금함에 대한 답변

진리의 마음이 되면
지혜가 생겨 모든 것을 다 알 수 있습니다.
사람들이 궁금해하는 질문에 대한 답변입니다.

수련을 통해 감사함을 얻고 싶습니다.

사람이 감사함을 알려면 감사한 마음이 있어야 감사할 수가 있습니다. 사람은 자기가 만든 마음의 세상 속 살아서 사람마다 마음이 다르고 세상의 것을 복사한 마음입니다. 복사한 것이 가짜이듯이 사람은 가짜인 마음속에 살아서 미완성인 것입니다. 이 가짜이고 거짓인, 부정적인 자기의 마음을 버리고 진짜이고 진리인 우주마음 자체가 될 때 긍정적인 마음이 되어서 감사한 마음이 생기는 것입니다.

거짓인 자기의 마음을 다 버리면 이 세상 이치도 다 알게 되고 고통 짐이 없고 긍정적인 마음이라 항시 감사한 마음이 있게 됩니다.

현재에 살고 싶습니다.

사람은 자기의 마음의 세상 속 살아서 많은 생각 때문에
현재에 살지 못합니다. 사람의 마음은 습과 업과 몸으로
이루어져 있습니다. 이것을 버리면 그 인간마음인 가짜가
없을 때 사람은 참마음이 되고 참마음에서 다시 나면 참세
상 나서 죽지 않고 영원히 사는 삶도 살 수 있습니다. 가짜
마음 버리고 참마음이 되면 현재의 사는 삶만 살아갈 수
있습니다.

어떻게 해야 마음을 깨끗이 할 수 있나요?

사람은 세상 살면서 자기의 마음속에 사진을 찍어서 그 삶이 가짜이고, 그것이 자기 마음인 것입니다. 이것을 버리면 마음이 깨끗해져서 사람이 궁금해하는 것과 의문 의심, 고통 짐도 없어지고 세상 이치를 다 알게 되는 것입니다. 자기 안에 진리가 있고 자기 안에 진리나라가 있음도 알게 됩니다. 인간 완성이 될 수가 있습니다.

사랑이란 무엇인가요?

1. 진정한 사랑은 나의 욕망과 욕심이 없는, 본래의 마음인 영과 혼의 마음인 수용하는 마음이고, 상대에게 바라는 것이 없는 마음입니다. 여기서 하는 공부는 가짜인 인간마음을 버리고 진짜인 우주마음이 되게 해서 인간마음에서 궁금한 것과 의문 의심이 있었던 것과 또 고통 짐 지고 살던 사람이 가짜인 인간마음을 버려서 그 궁금한 것과 의문 의심, 고통 짐이 없고 진짜인 진리 마음이 되게 하여 진리의 나라에 다시 나서 영원히 사는 공부를 하는 곳입니다. 허가 참이 되는 곳입니다.

2. 사람의 마음에서는 이 세상에 있는 사람들은 아무도 나를 사랑하는 사람도 없고, 나를 좋아하는 사람도 없습니다. 자기의 욕심 욕망에서 나를 사랑한다고 하고 좋아한다고 합니다. 가짜인 나만 버리고 없애면 가짜인 내가 진짜가 되어 세상의 이치도 다 알고 또 영원히 살 수 있는 방법도 알게 됩니다. 나의 마음속에 진리가 있고, 나의 마음속에 진리의 나라가 있음을 알게 됩니다.

어떻게 해야 나쁜 습관을 고칠 수 있나요?

사람의 나쁜 습관은 자기의 마음에서 있는 것입니다. 자기의 거짓 마음이 없으면 나쁜 습관이 없을 것입니다. 나쁜 습관이 있게 된 마음을 버리는 공부가 필요합니다.

진짜 나를 찾고 싶습니다.

사람은 이 세상 나서 살면서 자기의 마음의 세상 속 살고 있기에 지금 살고 있는 사람은 허상이고 미완성의 존재입니다. 세상과 하나인 세상 살지 않고 자기중심의 자기 마음의 세상 살아서 죄인인 것입니다. 이 자체를 벗어던지면 근원인 진리가 자기 마음이 되어서 그 나라에 진리의 주인이 다시 나게 하시면 이 세상과 내가 진리로 나서 사는 곳이 완성의 나라입니다. 헛세상에서 헛짓하고 살던 때에서 그 헛세상에 살고 있는 업 습 몸을 없애면 진리의 우주의 정과 신이 남고 이 자체가 진리인 마음이 되어 이 세상과 내가 다시 나면 참나가 됩니다.

불안감을 버릴 수 있도록 도와주세요.

사람의 마음은 부모로부터 물려받은 습과 산 삶에서 가지게 되는 기억된 생각인 업, 그리고 몸으로 이루어져 있습니다. 사람의 마음이 서로가 다 다른 것은 산 삶의 기억된 생각인 그 마음이 같은 사람은 아무도 없기 때문입니다. 자기만 가지고 있는 업 습 몸을 없애고 마음에 있는 것을 모두 지워버리면 불안감이 없어집니다.

저는 이전에 명상을 해보았으나 하기 힘들었습니다. 당신은 어떻게 마음을 비우고 깨끗이 합니까?

마음이라는 것은 산 삶인 업과 부모로부터 물려받은 습 그리고, 이 몸으로 이루어져 있습니다. 이 자체가 사람의 죄인 것입니다. 사람은 세상에 살지 않고 자기가 만든 세상에 살아서 거짓 세상에 살고 있는 것입니다. 이것을 다 버리면, 진리가 되어 다시 나서 진리나라에 살 수 있습니다. 성경에도 마음이 깨끗한 자는 하나님을 볼 수 있다고 되어 있고, 또 마음이 가난한 자는 복이 있나니 천국이 자기 것이라고 했습니다.

거짓인 자기의 마음 버리면 버려진 만큼 참이 되고 참이된 만큼 알게 되는 것이 깨침입니다. 거짓 마음 다 버리고 참이 되면 세상 이치를 다 알게 되고 궁금한 것과 의문 의심이 없고, 고통 짐이 없습니다. 마음 닦는 방법이 있어서 닦을 수가 있습니다.

행복해지고 싶습니다.

사람의 마음은 자기의 산 삶인 업과 조상으로부터 물려받은 습이 있고 그리고 몸이 있습니다. 이것이 사람의 마음인데 이것을 없애면 허에서 참에 가서 세상 이치를 다 알 수 있습니다. 사람이 미완성이고 가짜 세상에 사는 것은 자기의 허인 마음세상 속 살아서입니다. 그래서 사람은 궁금한 것과 의문 의심이 있고 고통 짐 지고 사는 것입니다.

자기의 허인 마음의 세상 버리고 참마음이 되면 궁금한 것과 의문 의심이 없고 고통 짐이 없습니다. 나의 마음이 참마음인 우주마음이 되면 세상살이가 힘이 들지 않고 행복해질 것입니다.

저는 저의 생각을 바꾸고 싶습니다.

자기의 생각을 바꾸려면 그 생각이 나오는 곳부터 알아야 바꿀 수 있습니다. 그 생각이 나오는 곳이 자기의 마음이고 그 마음은 조상에게서 받은 습과 살아온 산 삶인 업과 몸으로 이루어져 있습니다. 자기의 산 삶으로 인하여 내 안에 내재하여 있는 산 삶의 기억들이 나의 마음인 것입니다. 거기서 사람마다의 관념 관습의 생각이 나오니 이것을 버리면 자기의 생각이 없어집니다. 생각이 나오는 뿌리를 없애야만 생각이 바뀌는 것입니다.

불확실성, 혼돈과 의무로 가득 찬 이 세상에서 자유롭고 단순하며 편안한 마음가짐을 찾는 방법에 대해 자세히 알아보고 싶습니다.

사람의 마음이란 조상으로부터 물려받은 습과 업과 몸으로 이루어져 있습니다. 이 마음 가지고 살기에 사람은 고통 짐 지고 살고 궁금한 것과 의문 의심이 있습니다. 사람은 꿈이 현실이 아니듯이 그 꿈속에서 살고 있기에 자기가 가진 마음의 테마 속에서 꿈꾸듯이 살아가는 것이 사람인 것입니다. 그 마음을 버리면 세상 이치를 다 알아서 궁금한 것과 의문 의심이 없고 고통 짐이 없이 살 수 있습니다. 자유롭고 단순하고 편안한 마음을 찾는 방법, 자기의 스트레스인 마음을 없애는 공부가 필요합니다.

긍정적인 삶을 살 수 있는 방법을 알려주세요.

사람이 부정적인 것은 사람은 자기의 거짓인 마음의 세상 속 살아서 미완성이고 그 마음이 자기중심적인 거짓인 자기의 뜻에 맞추려고 하니 부정적인 것입니다. 종교에서는 진리인 하나님 알라 부처님이 자기 속에 있다고 했듯이 그 존재가 참인 진리의 존재입니다. 자기 마음이 가짜여서 부정적인 마음이 있으나 이것을 버려서 진짜 마음이 있으면 긍정적인 마음이 됩니다.

우울증을 버릴 수 있는 방법을 알려주십시오.

사람은 자기가 살아오면서 가진 허인 마음의 세상 속 살아
서 미완성이고, 이 가짜인 자기 마음에서 우울증이 있습니
다. 가짜 마음인 이것을 버리고 진리 마음이 되면 좋아지
실 것입니다.

공부할 때 집중할 수 있는 방법을 알려주십시오.

사람의 마음은 부모로부터 물려받은 몸과 습이 있고 자기가 산 삶인 업으로 이루어져 있습니다. 사람은 세상과 겹쳐진 자기의 마음의 세상 속 살아서 미완성이고, 허상이라서 고통 짐 지고 살고 궁금한 것과 의문 의심이 있는 것입니다. 집중이 안 되는 것도 내 안에 있는 자기중심적인 마음 때문입니다. 그것에서 수많은 생각이 나오는 것입니다. 집중을 못하게 하는 이 마음을 버리는 공부가 필요합니다. 자기의 거짓마음을 버리면 그 마음이 없어서 생각이 없어지고 집중을 잘할 수 있습니다.

나 자신에 대한 깨달음을 얻기 위해 당신의
도움이 필요합니다. 당신의 말씀 '인생의 참 의미'
영상을 보았습니다. 저 자신에게 도움이 된다는
것을 알았습니다. 저도 깨침을 얻고 싶습니다.

사람의 가짜 마음인 업 습 몸이 없어져서 자기 마음이 깨
끗해진 만큼 알게 되는 것이 깨침입니다. 사람은 허상 속
에 살고 있기 때문에 아는 것이 없어 궁금한 것과 의문 의
심이 있고 고통 짐 지고 사는 것입니다. 거짓인 이 마음을
벗어던지면 참삶을 살 수 있습니다. 사람은 가짜 세상에서
살아 있는 줄 착각하고 사나, 사람은 살아 있지 않고 세상
에 없어서 미완성입니다. 이것을 벗어던지면 완성이 되고
다 깨쳐져서 세상 이치를 다 알게 됩니다. 인생의 가치관
과 인생관은 살아 있을 때 뜻, 의미가 있고 진리가 되었을
때 뜻, 의미가 있는 것입니다. 자기가 만든 마음의 세상을
버리는 공부가 필요합니다.

저는 스트레스 버리는 방법을 찾고 있습니다.

사람의 스트레스는 자기가 가진 마음의 세계에서 나오는 것입니다. 사람의 마음은 개체가 살아온 산 삶의 업과 조상으로부터 받은 습인 마음과 몸으로 이루어져 있습니다. 그래서 이 자체를 없애면 스트레스가 없어집니다. 사람의 마음은 거짓인 자기중심적인 마음이 자기 속에 있어서 거기에서 스트레스가 나오기 때문에 이것을 버리면 스트레스가 없어집니다.

자아 발견을 할 수 있도록 조언을 주십시오.

자아 발견이라고 하는 것은 거짓인 자기가 다 없어지고 진리인 자기가, 진리나라인 천국에 다시 나서 진정한 자기를 찾는 것을 말합니다. 자기의 거짓의 업과 습과 몸 버리는 것이 자아에 가는 길이고 진리인 여기에서 다시 나야 자아 발견이 될 수 있습니다.

저는 인생에서 많은 어려움을 겪었습니다.
이 힘든 삶 속에서 삶의 의미를 찾고 싶습니다.

사람은 삶 살면서 누구나가 자기가 가장 무거운 짐 지고
산다고 생각하고 살지만 자기보다도 더 힘이 드는 사람도
세상에는 많습니다. 사람의 마음은 이 세상과 겹쳐진 자기
의 마음의 세상 속 살고 있기에 꿈과 같은 허인 세상에 살
고 있는 것입니다. 자기의 마음의 세상이란 자기만이 가지
고 있는 산 삶에서 만들어진 업이 있고 조상으로부터 물려
받은 습과 몸이 있습니다. 이것을 버리고 없애면 참인 진
리가 내 안에 있습니다. 사람이 궁금한 것과 의문 의심이
있고 고통 짐이 있는 것은 자기가 만든 마음 때문입니다.
이것을 버리면 참마음만 남고 궁금한 것과 의문 의심이 없
고 고통 짐도 없고 세상 이치도 다 알 수가 있고 자기가 진
리가 되어서 영원히 죽지 않는 것도 알게 됩니다. 거짓된
자기 마음 없애고 진리의 참마음이 되려면 자기 마음 버리
는 공부가 필요합니다.

집중력 향상과 명상에 대해 안내해 주세요.

사람이 집중력이 없는 것은 많은 생각이 있어서이고 이 많은 생각은 자기가 살아온 삶에서 나오는 것입니다. 이것을 버리면 참마음만 있어서 집중력이 향상됩니다. 거짓인 자기의 업 습 몸을 버리면 인생 살면서 궁금한 것과 의문 의심 있던 것을 다 알 수 있게 됩니다. 고통, 짐, 스트레스도 없고 이 세상 이치도 다 알 수 있습니다.

저는 현재에 살고 있지 않아 힘이 듭니다.

이 세상 살면서 자기 자신을 알고 살기 위하여 많은 사람이 자기 찾는 공부를 하고 있습니다. 그러나 사람은 세상 나면서부터 거짓 세상에 살고 있기에 미완성입니다. 세상이 참인데 세상과 겹쳐진 자기의 마음의 세상 속 살아서 거짓인 것입니다. 사람은 거짓인 자기 마음의 세상 속 살고 있기에 헛세상에서 헛꿈 꾸다가 죽고 마는 것입니다. 가짜인 사람이 진짜가 되면 궁금한 것이 없고 의문 의심도 없고 고통 짐이 없이 살 수 있습니다. 현재에 살지 못하는 삶도 자기의 많은 생각 때문이기에 그 생각이 나오는 마음을 없애고 가짜인 사람 마음이 없으면 마음에 생각이 없어져서 현재에 살 수 있습니다.

변하지 않는 행복과 진리를 찾고 싶습니다.

사람은 이 세상과 겹쳐진 자기의 마음의 세상 속 살아서, 참세상이 아닌 가짜 세상에 살기에 미완성인 것입니다. 이 가짜의 세상 살면 고통 짐 지고 살고 궁금한 것과 의문 의심이 있습니다. 가짜 마음을 버리고 진리인 참마음을 찾으면 세상 이치도 다 알 수가 있고 항시 참마음이라 행복합니다. 진리를 다 알 수가 있어서 진리가 되어서 영원히 살 수 있습니다.

계획한 일들을 일년이 지나도록 다 하지
못하였습니다. 어떻게 해야 이런 저 자신을
바꿀 수 있을까요?

사람은 해야 하는 일을 계획해도 자기의 마음에서 수많은
생각이 나와서 그것을 지키지 못하는 것입니다. 사람의 마
음이 아침저녁으로 바뀌는 것은 자기가 가지고 있는 마음
이 가짜인 이 세상의 것을 사진 찍은 마음이어서 그러한
것입니다. 자기의 가짜인 마음을 벗어던지고 진리의 마음
이 되어 있으면 항시 변하지 않고, 하는 일과 세상의 것을
다 알아서 궁금한 것도 의문 의심도 없을 것입니다. 그리
고 생각이 없어 전심전력을 다하여 하는 일만 열심히 하여
서 성공할 수 있습니다.

저의 마음 때문에 힘이 듭니다. 우울증으로 고통받고 있습니다.

이 세상을 살면서 수많은 사람이 수만 가지의 마음을 가지고 자기 마음에 고통을 받고 살고 있습니다. 자기 뜻대로 되지 않을 때 마음의 병이 생기는 경우가 참 많습니다. 이것들은 모두가 자기 마음에서 생기는 일이기에 자기의 마음을 버리는 수밖에 없습니다. 자기중심적으로 만들어진 거짓 마음이 없으면 참마음이 되고 그러면 나쁜 생각과 나쁜 마음이 없을 것입니다.

최고의 삶을 살고 싶습니다.

사람에게 있어서 최고의 삶이란 사람이 진리인 자기가 되어 진리나라의 일하고 사는 것입니다. 사람은 미완성이어서 완성이 되려면 죄인 자기의 업 습 몸을 버리고 업 습 몸이 없어지면 우주의 영과 혼인 진리가 자기 마음속에 있고 거기서 다시 나면 진리 세상에 다시 나서 죽지 않고 진리로 영원히 살 것입니다. 이것이 인간 완성이고 진리나라에 다시 나서 사람을 위해 사는 삶이 최상의 삶일 것입니다. 최상의 삶을 살고 싶으시면 거짓인 자기를 없애는 공부를 하시면 됩니다.

마음의 평화를 찾고 싶습니다.

마음의 평화가 없는 것은 미완성인 자기중심적인 마음세계에 살고 있어서입니다. 그것을 벗어던지면 평화를 찾게 되고 대자유, 대해탈을 이룰 수 있습니다. 마음의 평화를 얻기 위해서는 자기중심적인 마음세계를 버리는 공부가 필요합니다.

촐라체 히말라야. 6440m

어떻게 하면 끊이지 않는 잡념에서 벗어날 수
있는지 알려주십시오.

사람의 잡념은 자기의 마음에서 나옵니다. 자기의 마음은
자기가 살아오면서 수만 가지를 사진 찍은 가짜 마음과 습
과 몸이 그 마음속에 있고, 이것이 가짜여서 사람은 미완
성입니다. 이 마음 때문에 사람에게 잡념이 생기는 것입니
다. 가짜인 자기 마음을 버리고 진짜 마음이 되었을 때 잡
념이 없어집니다.

행복, 자아 성찰 그리고 세상의 이치에 대해서 더 알고 싶습니다.

사람이 가짜인 자기의 마음의 세상에서는 행복하지 않습니다. 진짜인 진리의 마음에서 진리나라에 나 있어야 행복한 것입니다. 참나라에 가는 방법은 자기를 회개하고 죄를 사하는 것입니다. 자기의 마음인 가짜인 산 삶을 버리고 습과 자기 몸마저 없애면 자기가 진리로 다시 나서 영원히 살 수 있습니다. 가짜인 자기의 마음 없애는 방법이 행복과 자아 찾는 방법이 될 것입니다. 거짓의 자기 버리는 공부를 하시면 참이 되어 행복한 자아를 찾고 영원히 살 방법도 알 수 있습니다.

저 자신에게서 벗어나고 싶습니다.

사람이 가짜인 자기에게서 벗어나는 것이 진짜가 되는 것
입니다. 자기의 업 습 몸을 없애면 가짜의 세상에 살고 있
는 자기가 진짜의 세상에 나서 영원히 살 수가 있습니다.
가짜 세상에서는 궁금한 것과 의문 의심이 있고 고통 짐이
있지만, 진리가 되면 궁금한 것과 의문 의심이 없고 고통
짐이 없고 자기 자신에게서 벗어날 수 있습니다. 거짓의
자기를 버리는 공부를 하면 다 해결이 됩니다.

건강해지는 방법을 알려주십시오.

사람이 건강해지려면 자기 마음속에 가짜 마음인 헛마음의 세상이 없어야 하고, 스트레스 마음이 없으면 기혈이 순조롭게 돌아서 가장 건강에 좋고 면역에도 최상입니다. 마음 없애는 공부를 하는 사람들은 모두 다 건강해지는 것을 자주 봅니다.

삶의 의미에 대해 논의하고 싶습니다. 인생관과 가치관에 대해 알고 싶습니다.

사람의 인생관과 가치관은 사람이 진리가 되어 있을 때 뜻, 의미가 있는 것이고 진리가 되어 있지 않으면 아무 뜻, 의미가 없는 것입니다. 사람은 누구나 미완성인 자기 마음의 세상 속 살아서 번뇌가 있고 고통 짐 지고 살아가고 있습니다. 자기 마음인 업과 습, 몸을 버리면 진리의 마음이 되어서 원하는 것을 다 이룰 수 있고 세상 이치도 다 알게 됩니다. 자기의 마음 버리는 공부를 하시면 궁금한 것과 의문 의심이 있던 일체가 다 해결이 됩니다.

　진리인 신인 하나님이 내 안에, 진리나라인 신의 나라인 천국이 내 안에 있다는 것도 알고, 살아서 그 나라 나서 살 수가 있습니다.

서부 알프스 몽블랑 산군

사는 것이 너무 괴롭고 힘이 듭니다.

우리가 세상 나서 사는 이유와 목적은 인간 완성이 되어서 영원히 살기 위해서입니다. 인간 삶이 힘이 드는 것은 사람이 자기가 만든 헛세상인 자기의 마음의 세상 속에 살기 때문입니다. 거짓된 자기의 업 습 몸을 없애고 참에 가서 다시 나면 내 안에 진리가 있고 진리의 나라가 있습니다. 사람의 삶은 그 마음에서 사는 것이 힘이 드나, 자기의 마음이 참이 되어서 살면 기쁘고 행복할 것입니다.

　인간은 원래가 미완성인 가짜인 자기 마음속 살아서 고통 짐 지고 사는 것입니다. 자기 뜻대로 살려고 하니 힘이 듭니다. 세상은 자기의 뜻대로 되는 것은 없습니다. 거짓인 자기의 업 습 몸 버리면 진리의 마음이 되어서 자유롭게 살 수가 있을 것입니다.

저는 긍정적인 마음을 가지고 싶고, 신의 뜻에
살고 싶습니다.

사람을 죄인이라고 하는 것은 사람은 세상 살면서 세상의
것을 사진 찍은 자기 마음속에 살고 있어서 미완성이고,
그것이 죄이기 때문입니다. 자기 마음속에 업과 습을 버리
면, 거짓인 자기 마음이 없어지고 진리 마음이 되어서 긍
정적인 마음이 되고, 진리인 신의 마음과 하나가 되어서
신의 뜻에 살 수 있습니다.

인생을 다시 살 수 있는 방법, 행복하게 살 수
있는 방법을 알려주십시오.

거짓인 자기 마음을 버리고 참마음이 되면, 다시 살 수 있
는 방법과 행복하게 살 수 있는 방법을 알 수 있습니다.

마음 닦는 과정에 대해 알려주십시오.

사람의 마음은 자기가 산 삶에 의하여 가진 업과 부모로부터 물려받은 습과 자기라는 몸으로 이루어져 있습니다. 자기 마음인 이 자체를 버리면 참마음만 남아서 세상의 것을 다 깨칠 수 있고, 다 알게 되고 진리나라인 천국에 나서 영원히 살 수 있습니다.

진리에 대하여 알고 싶습니다. 진리로 갈 수
있도록 가르침을 주셨으면 합니다.

어떤 성직자가 말하길 이 세상에는 수많은 종교가 있고 신
을 믿는 자가 많지만, 이 신을 본 자는 없고 신의 나라인
천국에 간 자가 없다고 하였습니다. 이 신이라는 존재가
진리의 존재입니다. 미완성 시대에 살고 있는 수많은 사람
은 아무도 진리의 존재를 찾을 수 없었던 것이 자기의 거
짓인 마음의 세상에서 진리이신 신을 찾으려니 찾을 수가
없었습니다.

　성경에는 하나님은 자기 마음속에 있다고 했고, 천국
도 자기 마음속에 있다고 했습니다. 불경에도 부처님은 자
기 마음속에 있다고 했습니다. 극락도 자기 마음속에 있다
고 했습니다. 알라도 자기 속에 있고, 낙원도 자기 마음속
에 있다고 했습니다. 인간은 자기가 살아왔던 산 삶의 헛
마음에서 진리의 존재가 없고, 이 거짓인 가짜 마음을 버
리면 진리가 자기 속에 있어서 보고 알 수가 있습니다. 자
기 속에 없어서 사람은 진리를 모르고 있습니다. 내가 이
세상에서 다 죽으면 무한대 우주의 영과 혼이 존재합니다.

이것이 비물질적 실체인 진리의 존재입니다. 이 자체가 나의 마음이 되어서 다시 나면, 나와 이 땅과 이 세상이 다시 나서 여기가 천국 극락 낙원인 진리의 나라입니다. 거짓의 자기를 버리는 공부를 해야 진리가 내 안에 있고 진리의 나라에 나서 살 수 있습니다.

당신이 이룬 것을 저도 이룰 수 있으려면
어떻게 해야 하나요?

사람은 자기의 마음의 세상 속 살아서 미완성이고 그래서
죄인이고 헛세상에서 사는 것입니다. 그러나 이 헛세상인
자기 마음을 버리면 누구나가 진리나라에 나서 세상의 이
치도 다 알 수 있고, 궁금한 것과 의문 의심이 없고, 고통
짐이 없이 자유롭게 살고, 죽지 않는 방법도 알 수가 있습
니다.

만년설의 파노라마. 파미르 고원

저는 진리를 찾고 있습니다. 그리고 현실에서 진리로 살고 싶습니다.

사람의 생각은 자기의 산 삶의 기억된 생각과 습과 몸에서 나오는 것입니다. 이것을 버리면 영원불변하고 살아 있는 진리인 우주허공의 영과 혼이 내 안에 있습니다. 진리가 되면 현실에서 행동화가 됩니다. 그 마음에 가짜 가진 자는 가짜 행하고, 진짜 가지면 진짜 행을 하게 됩니다. 사람에게는 영과 혼이 없습니다. 자기의 거짓 마음인 기억된 생각에서 모든 것이 나오기 때문에 사람이 업 습 몸을 버리면 진리만 마음에 남고 진리나라에 다시 나면 영원히 살수 있습니다.

깨침을 얻고 싶습니다.

사람은 이 세상과 겹쳐진 자기의 마음의 세상 속 살아서 사람이 사는 세상은 실이 아닌 가짜인 세상입니다. 자기의 가짜인 마음세상을 부수면 진짜인 진리가 내 안에 있음을 알게 됩니다. 자기의 거짓인 마음이 없어지고 진짜인 마음이 된 만큼 알아지는 것이 깨침입니다. 사람은 헛세상 살아서 아는 것이 아무것도 없지만 실세상 나서 살면 궁금한 것과 의문 의심이 없고 고통 짐도 없고 세상의 이치도 다 깨쳐서 알 수 있습니다.

종교에 만족하지 못하고 있습니다. 또 다른
종교에 시간 낭비하고 싶지 않습니다.

사람이 궁금한 것과 의문 의심이 있고 고통 짐이 있는 것
은 사람은 자기가 만든 마음의 세상 속 살아서 미완성이기
때문입니다. 이것이 인간의 죄이고 진리가 되지 못하는 이
유입니다. 자기 속에 있는 거짓인 업 습 몸이 없으면 그 마
음이 진리가 되고 진리인 나의 마음속에서 진리로 다시 나
면 궁금한 것, 의문 의심 일체가 없어지고 고통 짐도 없게
됩니다. 자기의 마음인 업 습 몸을 없애고 본래인 진리로
가서 거기에서 다시 나면 진리의 나라에 나 있게 되고, 살
아서 자기 마음속에 천국이 있어야, 그 진리나라에 나 있
어야 진리나라인 천국에서 항시 살 수가 있습니다. 자기의
업 습 몸을 없애는 공부를 해야만 진리도 알고 진리나라
갈 수 있습니다.

닐기리 히말라야. 6940m

당신의 수련 방법에 대한 정보와 자아 발견에 대해 알려주실 수 있나요?

사람은 거짓인 자기의 마음의 세상 속 살아서 미완성입니다. 이 세상과 겹쳐진 자기의 마음의 세상 속 살고 있기에 이 마음의 세상인 자기의 업 습 몸 버리는 공부를 하면 자아 발견을 할 수 있습니다. 이 업 습 몸을 버리는 과정에는 단계가 있고 지도가 필요합니다.

현재의 삶을 바꾸고 싶습니다. 제 인생을
영원히 바꾸고 싶습니다. 그리고 마음의 평화를
얻고 싶습니다.

내 인생을 영원히 바꾸려면 나의 업(산 삶), 습과 몸을 버려야 자기를 바꿀 수 있습니다. 자기의 마음이 이 세상에 태어나기 이전의 자리로 되돌아가서 참사람으로 다시 나면 현재의 삶도 바뀌어지고, 대자유인 마음의 평화도 얻을 수 있고, 허인 나가 진리가 되어서 영원히 살 수도 있습니다. 살아서 인간 완성이 되고 진리나라에 나서 살 수 있습니다. 거짓인 자기를 버리고 진리가 되어 자기라는 거짓 존재에게서 벗어나서 궁금한 것과 의문 의심이 없고 고통 짐이 없이 살 수 있습니다.

부정적인 생각 때문에 힘이 듭니다.

자기 마음이 부정적인 것은 자기중심적인 자기 것만 맞는다고 생각하는 사람의 마음 때문입니다. 이 세상 살아오면서 자기가 만든 마음의 세상과 습과 몸이 사람의 마음속에 있어서 사람이 미완성인 것입니다. 이것을 없애면 참마음이 있어서 긍정적인 마음이 됩니다. 거짓인 자기 마음을 버리면 긍정적인 마음이 됩니다.

저의 동료보다 일을 더 잘하고 싶습니다.
부러움을 어떻게 극복해야 할지 조언이
필요합니다.

사람의 능력이라는 것은 자기의 마음속에 있습니다. 나보다 잘하는 것도 자기의 능력입니다. 사람의 능력은 일을 할 때 그 마음이 없어서 그것만 할 때 있는 것입니다. 일할 때 수많은 생각이 있으면 능률이 없습니다. 수많은 생각 때문에 집중력이 없고 산만해서 하는 일이 잘되지 않습니다. 그래서 가짜인 수많은 생각이 있는 나의 마음을 없애면 진짜 마음이 되고 진실한 나의 마음에 따라서 능률이 있게 될 것입니다. 진짜 마음이 되면 궁금한 것과 의문 의심이 없어지고 세상 이치를 다 알게 됩니다.

운명이란 무엇인가요?

운명이란 자기의 마음인 가짜 마음에서, 그 사람이 가진 그 마음 안에서 그 마음으로 사는 것을 말합니다. 자기의 마음을 없애면 이 운명을 바꿀 수가 있습니다. 그 마음에서는 그렇게밖에 살지 못하는 것이 운명인 것입니다. 마음을 닦으면, 이 운명을 벗고 자기의 원대한 마음을 가지고 참으로 살 수 있습니다. 그 운명이 확 바뀔 것입니다.

자기 계발을 하려면 어떻게 해야 하나요?

사람은 자기의 마음이 자기의 마음의 세상 속 살아서 계발되지 않고 있습니다. 계발이 되려면 가짜 마음에서 벗어나서 진짜 마음이 될 때 계발이 되는 것입니다.

긍정적인 마음을 갖고 싶습니다.

긍정적인 마음이 되려면 자기중심적인 자기의 마음을 버리고 참마음이 되면 긍정적인 마음이 될 수 있습니다. 미완성인 가짜 마음을 버리면 다 해결이 됩니다.

진리로 다시 나는 방법에 대해서 알려주실 수 있나요?

사람은 세상과 겹쳐진 자기의 마음세상 속에 살고 있습니다. 사람은 세상에 사는 줄 알고 있으나 세상에 살지 않아서 죄인이고 미완성입니다. 그래서 사람은 자기의 헛세상 살다가 죽으면 없어지고 마는 것입니다. 가짜인 자기를 버리고 진리에 가면 진리로 날 수 있습니다. 진리가 내 안에, 진리나라가 내 안에 항시 있고 나도 진리나라에 항시 살고 있어야 진짜입니다.

순리를 받아들일 수 있도록 도와주십시오.

순리는 대자연의 삶이고 우주의 삶입니다. 진리가 된 사람의 삶이기도 한 것입니다. 사람은 세상과 겹쳐진 자기의 마음의 세상 속 살아서 미완성입니다. 그리고 하나의 자기가 만든 마음의 세상은 없는 허상인데 사람들은 그것을 모르고 그 속에서 살아서 헛세상에서 헛꿈 꾸며 헛짓하다가 죽고 마는 것입니다.

사람이 꿈을 꾸면 그 꿈이 악몽이라도 바꾸지 못하고 꾸어야 하듯이 자기의 마음세상 사는 것도 마찬가지입니다. 그 꿈의 테마처럼 마음속에서 살아 나의 인생은 순리이지도 않고 그 마음에 가지고 있는 것으로 그것밖에 생활을 못 하는 것입니다.

순리의 삶을 살려면 사람이 가지고 있는 자기중심적이고 거짓인 인간마음을 버려야 합니다. 그러면 순리의 삶이 저절로 될 수 있습니다. 사람이 가진 산 삶의 기억된 생각을 버리고 습과 몸 버리고 허상인 자기의 마음세상에서 벗어나면 많이 깨칠 수 있고, 참사람이 되어 세상 이치도 다 알 수 있고, 진리가 되어서 죽지 않을 수도 있습니다. 자기의 허상인 마음 버리고 참이 되면 세상 이치도 다 알고 순리의 삶을 살 수 있습니다. 거짓 마음 버리는 공부가 필요합니다.

우울증을 없애기 위해 명상을 했으나, 꾸준히
하기가 힘들었습니다. 어떻게 해야 할까요?

사람의 마음은 자기의 산 삶에서 있는 기억된 생각 일체인
업과 습과 그 몸으로 이루어져 있습니다. 이것을 버리면
참마음이 되고, 나의 마음인 거짓 마음에서 생기는 것을
없애면 참마음인 없는 마음만 남아서 우울증도 없어질 것
입니다. 거짓 자기를 버리고 참마음이 되면 우울증도 없어
지고 참 정신을 가질 수 있습니다. 힘이 들어도 꾸준히 하
는 것이 중요합니다.

하루에 얼마나 수련해야 하나요?

시간이 나는 대로 공부를 많이 하면 빨리할 수가 있고 공부를 적게 하면 조금 늦게 갈 것입니다. 아무튼 가짜인 자기를 버리는 데에는 시간이 필요합니다.

어떻게 해야 죄책감에서 벗어날 수 있을까요?

사람은 십계명이나 법을 어기는 것만 죄라고 생각하는 사람들이 많습니다. 그것도 죄지만 헛세상인 사람의 마음의 세상 속에 사는 것이 더 큰 죄입니다. 진짜인 세상과 겹쳐진 가짜인 자기의 마음의 세상 속에 살아서 죄인 것입니다. 가짜 인간마음인 이것을 버리면 진짜인 세상의 마음이 되어서 죄에서 벗어날 수 있습니다. 자기의 산 삶인 업과 습과 몸을 마음에서 지우면 진리가 내 안에 있고 진리나라가 내 안에 있음을 알 수 있습니다.

인생의 참 목적은 무엇인가요?

사람이 이 세상 나 있는 이유와 목적은 가짜인 자기를 버리고 진짜가 되어 진리나라에서 영원히 사는 것이고, 이것이 가장 가치가 있는 인생인 것입니다. 살다가 죽어버리면 아무런 뜻과 의미가 없을 것입니다. 가짜인 마음세상 사는 사람은 아는 것이 아무것도 없어서 궁금한 것과 의문 의심 가지고 고통 짐 지고 살지만 이 가짜를 벗어던지면 세상 이치도 다 알게 되고 의문 의심도 없고 고통 짐도 없으면서 진리나라에 나서 영원히 살 수 있을 것입니다. 허를 버리고 참에 간 만큼 다 알아지고 그 마음이 깨끗해진 만큼 알아지는 것이 깨침입니다. 인생의 목적은 다 이루어서 죽지 않는 나라에 나서 사는 것입니다.

저의 진짜 가치를 알고 싶습니다. 그리고 완성
된 세상에서 살 수 있는 방법을 알고 싶습니다.

사람은 누구나 이 세상 살면서 궁금한 것과 의문 의심이
있고 고통 짐 지고 살면서 모르는 것이 참 많습니다. 그것
에서 벗어나려면 모르고 있는 나를 버리고 고통 짐 지고
있는 나를 버리면 됩니다.

사람은 이 세상 사는 줄 착각하고 살지만 세상에 살지
않고 세상과 겹쳐진 자기의 마음의 세상 속 살아서 사람은
미완성입니다. 이 미완성인 자기를 버리고, 미완성 세상 사
는 나를 버리고, 인간의 업 습 몸을 버리면 참세상 가서 영
원히 살 수 있습니다. 이때, 진리로 났을 때 진짜 가치를 깨
칠 수 있습니다. 미완성인 자기 버리는 공부를 하시면 다
깨쳐집니다. 사람이 세상 나서 사는 이유와 목적이 실현됩
니다.

허공의 마음으로 살고 싶습니다.

사람이 살아 있는 진리인 허공의 영과 혼의 마음으로 살려면 거짓인 인간마음이 없고 허공의 진리 마음이 되었을 때 허공의 마음으로 살 수 있습니다. 자기 마음속에 있는 업습 몸을 없애면 이것이 가능합니다. 거짓이고 미완성인 인간마음을 버리고 진리 마음이 되면 내 안에 진리가 있고 내 안에 진리나라가 있게 되고 허공의 마음으로 살 수 있습니다.

우주와 통하는 방법을 알려주십시오.

사람은 이 세상과 겹쳐진 자기의 마음의 세상 속에 살기 때문에 미완성인 것입니다. 자기의 마음인 업과 습과 몸을 버리면 우주 자체가 나의 마음이 됩니다. 거짓 마음 버리는 공부를 하시면 됩니다. 진리 마음인 우주마음에서 다시 나면 그 나라에서 영원히 살 수 있습니다.

몸과 마음을 넘어서는 방법을 알고 싶습니다.

사람의 마음은 산 삶인 업과 습과 몸으로 이루어져 있는데 이 자체는 자기가 만든 허상입니다. 이것을 없애면 참인 진리가 내 안에 있고 여기서 다시 나면 참의 나라인 진리의 나라가 내 안에 있습니다.

항상 감사한 마음을 가지고 싶습니다.

사람의 마음은 세상의 것을 사진 찍어 만든 자기중심적이
고 이기적인 마음이고 부정적인 마음이어서 사람에게는
감사함의 마음이 없습니다. 사람의 마음은 허인 마음이라
참마음 가지면 세상의 이치도 다 알고 그 마음 자체가 감
사한 마음이어서 항상 감사하실 수 있습니다.

이 명상 방법에 대해 더 많이 배우고 싶습니다.

사람이 세상 나서 사는 이유와 목적은 인간 완성이 되어 영원히 살기 위해서입니다. 사람은 세상과 겹쳐진 자기의 마음의 세상 속 살아서 미완성인 것입니다. 그래서 사람은 고통 짐 지고 궁금함과 의문 의심 속에서 살고 있습니다. 자기의 가짜 마음을 버리고 진짜인 진리 마음이 되면 세상의 이치를 다 알 수 있습니다.

저는 제 삶을 향상하기 위해 수련을 하고
있습니다. 저의 분위기와 환경을 바꾸고
싶습니다. 지나간 과거와 습관, 사고방식에서
벗어나고 싶습니다.

이 세상 사람들은 많은 이들이 인간 완성을 위하여 끊임없
이 노력하고 수도를 하고 명상과 금식을 하는 등 여러 가
지 수행법을 하고 있습니다. 그러나 자기의 마음이 진리가
되고 자기의 마음속에 진리나라가 있게 되는 공부를 하면
원하는 것을 다 이룰 수 있습니다. 자기 마음 버리는 공부
를 하면 누구나 다 될 수 있습니다.

사람들이 가장 바라는 것은 다음의 열 가지입니다.

1. 진리가 된 세상에서 삶 죽음 없이 영원히 사는 것 2. 행복해지는 것
3. 성공하는 것 4. 능력 있는 것 5. 건강해지는 것 6. 마음의 평화를 가지는 것 7. 잡념에서 벗어나 현재에 충실한 것 8. 나쁜 습관에서 벗어나는 것 9. 항상 감사한 마음을 가지는 것 10. 인간관계가 좋아지는 것

당신이 가장 바라는 것은 무엇인가요.
모든 것은 자기 마음속에 있기에 그 답을 찾을 수 있습니다.

www.meditationlife.org
trueselfclass.com

살아서 천국 극락 낙원에 가는 방법
우 명 지음

1판 1쇄 발행   2023년 9월 4일
2판 1쇄 발행   2023년 10월 2일
2판 2쇄 발행   2023년 10월 16일
2판 3쇄 발행   2023년 10월 31일
2판 4쇄 발행   2023년 11월 13일

펴낸이   최창희
펴낸곳   참출판사(주)
             03969 서울시 마포구 성미산로3길 67
대표전화   (02)325-4192
팩스   (02)325-1569
이메일   chambooks@hanmail.net
등록   2000년 12월 29일, 제13-1147

ISBN 978-89-87523-44-6 (03100)
값 17,000원